Haftungsausschluss:

Bibliografische Informationen der Deutschen Nationalbibliothek

Die Deutsche Nationalbibliothek verzeichnet diese Publikation in der Deutschen Nationalbibliografie; detaillierte bibliografische Daten sind im Internet über http://dnb.dnb.de abrufbar.

1. Auflage 2024

Projektmanagement: Tatjana Helmke
Lektorat und Korrektorat: Stefanie Aust, Markus Czeslik, Luise Hartung
Umschlaggestaltung: Verena Klöpper
Satz und Layout: Verena Klöpper
Bildrechte: Illustrationen: Verena Klöpper, Karikatur S. 23: Stefan Theurer
Vision-Board Grafik: valueinvestor + macrovector auf depositphotos.com

ISBN Print: 978-1-960004-39-0
ISBN E-Book: 978-1-960004-40-6

www.remote-verlag.de

ANJA WALZ

UND DAS UNIVERSUM ANTWORTETE

Die 30-Tage-Anleitung zur Manifestation:
Verwirkliche deine persönlichen Träume

WORK-BOOK

Remote Verlag

www.remote-verlag.de

Inhalt

»Jeder Gedanke,
egal ob positiv oder negativ,
erzeugt ein Resonanzfeld
und alles,
was mit diesem Resonanzfeld
gleich schwingt,
wird unweigerlich in
unser Leben gezogen.«

(Unbekannt)

VORWORT

»Alles, was du dir
vorstellen kannst,
das kannst du auch erreichen,
sonst könntest du es dir
nicht vorstellen.«

(Unbekannt)

Das Gesetz der Anziehung (Englisch: Law of Attraction) ist eines der sieben kosmischen Gesetze und besagt:

Gleiches zieht Gleiches an. Es gilt immer, überall und für jeden von uns. Das, was du denkst, fühlst und tust, ziehst du in dein Leben. Das ist kein »Hokuspokus«, um sich die Welt schönzureden, sondern durch die Quantenphysik belegt. Das Gesetz der Anziehung ist genauso gültig und wirksam wie das Gesetz der Schwerkraft.

Einfach gesagt: Ist das eigene Leben von negativen Gedanken, Gefühlen und Handlungen geprägt, erzeugt man negative Schwingungen und zieht Negatives in sein Leben. Ist es hingegen von positiven Gedanken, Gefühlen und Handlungen bestimmt, erzeugt man positive Schwingungen und lädt Positives in sein Leben ein. Das Universum (nach dessen Regeln das Gesetz der Anziehung bzw. des Unterbewusstseins spielt) spricht keine Sprache, sondern antwortet auf Schwingungen.

Die meisten Menschen leben unbewusst in den Tag hinein. Sie haben etwa 60.000 Gedanken am Tag, von denen die meisten negativ ausgerichtet sind, und wundern sich, warum ihr Leben so schwierig ist und sie vermeintlich immer nur Pech haben. Viele verbringen eine Menge Zeit damit, zu grübeln und sich über ihre Probleme zu beschweren, und ziehen so nur noch mehr Schwierigkeiten an. Dies können noch mehr Schulden, zusätzlicher Liebeskummer, ein höheres Gewicht, weitere Krankheiten, noch mehr Stress oder andere zusätzliche Problemfelder sein.
Auch ich war vor Jahren so. Ich lebte vor mich hin und beklagte mich darüber, wie schlecht mein Leben sei. Ich badete sprichwörtlich in Selbstmitleid. Nichts lief so, wie ich es gern gehabt hätte. Das Universum schickte mir als Folge immer mehr Erschwernisse, sodass ich weiter im Selbstmitleid versinken konnte – denn Gleiches zieht schließlich Gleiches an.
Ich war alleinerziehend, zog immer die falschen Männer an, hatte keinen Job, eine sehr kleine Wohnung, kaum Freunde und lebte von Sozialhilfe. Mein Leben war geprägt von Depressionen, Ängsten, Undankbarkeit und Selbstzweifeln. Ich bedauerte mich täglich.

Irgendwann stieß ich im Internet auf das »Gesetz der Anziehung«. Ich glaube nicht, dass dies Zufall war – es musste so kommen. Zunächst war ich skeptisch, doch dann befasste ich mich genauer mit diesem Gesetz und wandte es in meinem Leben an. Erst übte ich mit kleinen Wünschen und nach und nach kam ich zu meinen Herzenswünschen.

Mittlerweile habe ich mir mein Traumleben manifestiert und möchte anderen dabei helfen, das auch zu erreichen.
Ich habe mir Folgendes erfolgreich manifestiert:

- Traummann
- Kind
- Traumauto
- Gesundheit
- Eine schöne, große und günstige Wohnung
- New-York-Reise
- Traumjob als spiritueller Coach
- Viel Geld
- Lieblingskollegin
- Clique
- Beste Freundin

Kurz zusammengefasst: Ich bin glücklich und zufrieden! Und auch du hast die Fähigkeit in dir, dein Traumleben zu erschaffen!

Ich begleite dich in diesem Buch über 30 Tage und helfe dir dabei, dein Traumleben zu verwirklichen. Innerhalb von 30 Tagen lernst du, dein Denken komplett zu verändern und auf Positives auszurichten, damit du das anziehen kannst, was du dir schon so lange wünschst.

Die Autorin spricht mit ihrer Ansprache jedes Geschlecht sowie diverse Personen an. Das generische Maskulinum wurde ausschließlich für eine bessere Lesbarkeit des Sprachflusses gewählt.

»Wir sind, was wir denken.
Alles, was wir sind,
entsteht aus unseren Gedanken.
Mit unseren Gedanken
formen wir die Welt.«[1]

(Buddha)

Dein Coaching zum Gesetz der Anziehung

Möchtest du das Leben deiner Träume erschaffen?

Bist du bereit, das Gesetz der Anziehung wirklich zu verstehen und effektiv anzuwenden? Dann ist mein 30-tägiges Law-of-Attraction-Coaching (LoA-Coaching) »Upgrade your Life« genau das Richtige für dich!

Auf www.anjawalz.com biete ich dir ein umfassendes Programm, das dir Schritt für Schritt zeigt, wie du manifestieren kannst, was du dir am meisten wünschst.

Ob Erfolg, Liebe, Gesundheit oder Wohlstand – mit den richtigen Techniken und meinem persönlichen Coaching wirst du in der Lage sein, das Universum zu deinem Verbündeten zu machen.

Buche jetzt und beginne deine Reise zu einem erfüllteren Leben!

Kostenloser Lebenstest

Wie zufrieden bist du mit deinem Leben?
Durchlaufe den kostenlosen Test auf:
www.anjawalz.com

Anleitung zum Gesetz der Anziehung

Die meisten Menschen haben über den Film oder das Buch »The Secret« vom Gesetz der Anziehung erfahren. Ich würde dir ebenfalls empfehlen, das Buch zu lesen oder den Film zu schauen. Darin liegen sehr viel Hoffnung und positive Energie. Aber es gibt meiner Meinung nach bisher keine geeignete Anleitung dafür, wie man das Gesetz richtig anwendet. Deswegen habe ich einen Überblick mit einer Anleitung entwickelt.

Wie im Vorwort schon erwähnt, wirkt das Gesetz der Anziehung über Gedanken und Gefühle. Diese erzeugen Schwingungen, sowohl positiver als auch negativer Natur. Diese Schwingungen übertragen sich von der Innen- auf die Außenwelt.
Du ziehst das an, worauf du deine Aufmerksamkeit richtest. Das solltest du immer im Hinterkopf bewahren.

Denkst du positiv, ziehst du positive Erfahrungen an.
Denkst du negativ, ziehst du negative Erfahrungen an.

Beispiel:

Du machst dir täglich Gedanken darüber, dass du seit Jahren Single bist. In deinem Freundeskreis sind alle vergeben und du fühlst dich ungenügend. Du denkst, du findest nie den passenden Partner. Das Gesetz der Anziehung bewirkt, dass du das anziehst, was du aussendest. Gleiches zieht Gleiches an. In diesem Fall strahlst du aus: Ich bin schon so lange Single und fühle mich ungenügend. Das Gesetz der Anziehung bewirkt nun, dass weitere Umstände in dein Leben kommen, damit deine Einstellung »Ich bin schon so lange Single und fühle mich ungenügend« erfüllt werden kann. Du ziehst somit noch mehr Menschen an, die dir das Gefühl geben, ungenügend zu sein. Um hier herauszukommen und das Gesetz der Anziehung richtig zu nutzen, musst du nun Folgendes tun:

1. Wünschen

Überlege dir als Erstes, was du dir wünschst. Denn wenn du das nicht weißt, kann das Universum auch nicht auf deine Schwingungen reagieren. Wenn du immer an das denkst, was du nicht hast, schickt dir das Universum weitere Mängel.
In meinem Beispiel wäre es der Wunsch, einen passenden Partner zu finden. Mach dir Gedanken darüber, was diesen für dich ausmacht. Schreib dir Eigenschaften auf, die dein Traumpartner haben soll. Das Universum versteht kein »Nein«, »Nicht« oder »Kein«.

Beispiel:

Statt »Er soll nicht fremdgehen« wünschst du dir »Er ist treu«.

Das Gesetz der Anziehung arbeitet zudem immer in der Gegenwartsform und nicht in der Zukunftsform. Du möchtest den Wunsch ja jetzt erfüllt haben und nicht irgendwann einmal.

Beispiel:

Statt »Er wird mir immer treu sein« wünschst du dir »Er ist treu«.

Beachte: Wünsch dir nur, was du wirklich von Herzen willst.
Schreib nur Eigenschaften auf, mit denen du wirklich zurechtkommst.

Beispiele:

Wenn du dir einen Partner wünschst, der gern reist, kann das heißen, dass er kaum zu Hause sein möchte.

Wünsch dir nicht, dass du Geld erbst, denn das würde bedeuten, dass erst jemand sterben muss.

2. Glauben

Glaub daran, dass dein Wunsch schon wahr geworden ist und nur noch sichtbar werden muss. Glaub an das Unsichtbare und sei dankbar. Dazu musst du ggf. deine Glaubenssätze ändern, die deinen Glauben beeinträchtigen können, und passende Affirmationen erstellen, um dein Unterbewusstsein umzuprogrammieren.
Der Glaubenssatz in diesem Fall wäre: Ich bleibe immer Single. Um diesen zu widerlegen, musst du nach Gegenbeweisen suchen. Daraufhin verwandelst du deinen Glaubenssatz in eine Affirmation. Affirmationen sind positiv formulierte Sätze, die dazu dienen, das Unterbewusstsein zu verändern. Man kann dadurch negative Glaubenssätze löschen und sie durch positive ersetzen. Es funktioniert ähnlich wie das Überschreiben einer alten Festplatte. Die passende Affirmation in diesem Fall wäre: **Ich habe einen wundervollen Liebespartner an meiner Seite.**
Wie du im Innen bist, so bist du im Außen. Wenn du immer denkst: »Das klappt ohnehin nicht«, dann erfüllt sich dies auch. Viele Glaubenssätze stammen noch aus der Kindheit. Diese muss man erst einmal aufdecken, um sie zu löschen und durch positive Varianten zu ersetzen.

3. Visualisieren/Erschaffen

Das Gesetz der Anziehung unterscheidet nicht, ob du dir etwas nur vorstellst oder ob es tatsächlich gerade passiert. Wenn du dir etwas vorstellst, empfängt das Gesetz der Anziehung deine Gedanken, Gefühle und Bilder so, als würdest du das gerade erleben, und sendet dir diese zurück. Deine Gedanken werden also Realität. Das Unsichtbare wird sichtbar.
Tu deswegen so, als sei dein Wunsch bereits wahr geworden. In diesem Fall bedeutet das: **Lebe, als hättest du deinen Traumpartner schon an deiner Seite.** Egal, wo du bist und was du machst, sei glücklich vergeben: Du liegst beispielsweise abends im Bett und stellst dir vor, er liegt neben dir. Das kann z. B. so aussehen:
Wir unterhalten uns über alles. Ich erzähle ihm von meinem Tag. Wir planen unser Wochenende und unseren Urlaub. Ich bin glücklich und unendlich dankbar, ihn an meiner Seite zu haben. Ich fühle richtig, wie die Freude in mir aufsteigt. Wenn ich bei der Arbeit bin, freue ich mich auf den

Abend zu Hause, da wir dort den Abend zusammen mit einem schönen Essen und einem Film verbringen werden. Ich freue mich auf die gemeinsame Zeit mit ihm.

Das Wichtigste sind deine Gefühle. Spür in dir die Dankbarkeit und Freude darüber, dass dein Wunsch erfüllt ist, wenn auch noch unsichtbar. Wenn du beim Visualisieren ein Lächeln im Gesicht hast, strahlende Augen bekommst oder es dir warm ums Herz wird, weißt du, dass du alles richtig machst. Wenn es dir einfacher fällt, kannst du dir auch vorstellen, dein Partner ist gerade auf einer Geschäftsreise.

Auch dein Verhalten spielt eine wichtige Rolle. Wenn du andere Paare siehst, die z. B. zusammen essen gehen, sei nicht mehr neidisch, sondern freu dich für sie. Denk einfach daran: In dieses Restaurant gehe ich mit meinem Schatz auch bald. Kauf für ihn eine Zahnbürste und halte Bettwäsche für ihn bereit.
Damit heißt du deinen Traumpartner willkommen und bist bereit für ihn. Du kannst dir dein Traumleben mit deinem Traumpartner ganz individuell visualisieren. Das hier sind nur Beispiele.

Du musst dir auch keine Gedanken darüber machen, wie der Wunsch in Erfüllung geht. Sieh einfach das gewünschte Resultat vor dir. Das »Wie« ist die Aufgabe des Universums.

Das Wichtigste von allem ist:

Lebe so, als sei dein Wunsch bereits erfüllt, und sei unendlich dankbar dafür!

GLAUBEN UND VISUALISIEREN GEHÖREN ZUSAMMEN!
VERGISS DABEI NIE DIE FREUDE UND DANKBARKEIT!

4. Losgehen

Wenn du dann mental für deinen Traumpartner bereit bist, kannst du auch in der Realität den ersten Schritt unternehmen. Nimm z. B. unvorhergesehene Einladungen zu Partys, Geburtstagen etc. an. Es gibt keinen Zufall.

Keine Sorge, wir werden alles Schritt für Schritt in den 30 Tagen gemeinsam durchgehen.

»Lebe deinen Traum zunächst
in deinem Inneren,
voll und ganz, dann wird er sich
in deinem Leben manifestieren.
Wenn du innerlich ganz darauf
eingestellt bist,
wirst du alles Nötige anziehen, damit
der Traum Wirklichkeit wird.
Dies ist das Gesetz.
Alles, was du in deinem Leben erschaffst,
nimmt seinen Anfang
in deinem Inneren.«[2]

(Aus der App: Das Geheimnis Täglichen Lehren)

Kurzfassung Gesetz der Anziehung

1. **Wünschen:**
   Werde dir zunächst darüber klar, was du dir überhaupt wünschst:
   a.) Keine Verneinung
   b.) Immer Gegenwartsform verwenden

2. **Glauben:**
   Glaub ganz fest daran, dass sich dein Wunsch bereits erfüllt hat und nur noch sichtbar werden muss, wie eine Bestellung im Katalog. Da würdest du niemals daran zweifeln, dass du das Bestellte nicht erhältst. Danke dem Universum dafür, dass das Gewünschte unterwegs zu dir ist:
   a.) Glaubenssätze eventuell ändern
   b.) Affirmationen verwenden

3. **Visualisieren/Erschaffen:**
   Visualisiere! Richte dein Tun und Fühlen so aus, als wäre der Wunsch bereits erfüllt. Sei unendlich dankbar dafür!

4. **Losgehen**
   Wenn du dann mental bereit bist, setze den ersten Schritt in der Realität um.

GLAUBEN UND VISUALISIEREN GEHÖREN ZUSAMMEN!
VERGISS DABEI NIE DIE FREUDE UND DANKBARKEIT!

»Das Gesetz der Anziehung ist
ein riesiges Kopiergerät.
Es nimmt den Inhalt
unseres Geistes auf
und schickt ihn in Form neuer Umstände
und Ereignissein unser Leben zurück.
Das ist großartig, weil es uns
klare Rückmeldungen gibt,
wie wir im Leben zurechtkommen.
Wenn du zum Beispiel nicht genug Geld
zu haben glaubst,
musst du Fülle in deinem Geist und
in deiner Vorstellung erzeugen,
damit das Gesetz dies kopieren und zu
dir zurückschicken kann.«[3]

(Aus der App: Das Geheimnis Täglichen Lehren)

Negative Gedanken

Es ist menschlich, auch negative Gedanken zu verspüren. Hab deshalb keine Angst, dass du sofort daraufhin etwas Negatives anziehst. Es gibt eine zeitliche Verzögerung zwischen deinen Gedanken und der Manifestation/Erschaffung. Wenn du dich bei negativen Grübeleien erwischst, halte dich jedoch nicht zu lange damit auf, sondern konzentriere dich auf die Lösungen.

Jeden Tag triffst du eine Entscheidung!

»Sobald du negative Gedanken
durch positive ersetzt,
wirst du positive
Ergebnisse erzielen.«[4]

(Willie Nelson)

**Als Nächstes folgen drei Übungen für dich.
Sie ermöglichen dir, besser einzuordnen,
wo du im Leben stehst.**

TEST

Karte/Skala des Bewusstseins von Dr. David Hawkins

Ändere deine Frequenz und du änderst deine Realität!

Je positiver und dankbarer du durchs Leben gehst, desto höher ist deine Schwingung/Frequenz. Eine hohe Schwingung/Frequenz sorgt dafür, dass sich deine Wünsche und Ziele verwirklichen. Eine niedrige Schwingung/Frequenz kann dich sogar krank machen. Auf welcher Skala ordnest du dich momentan ein?

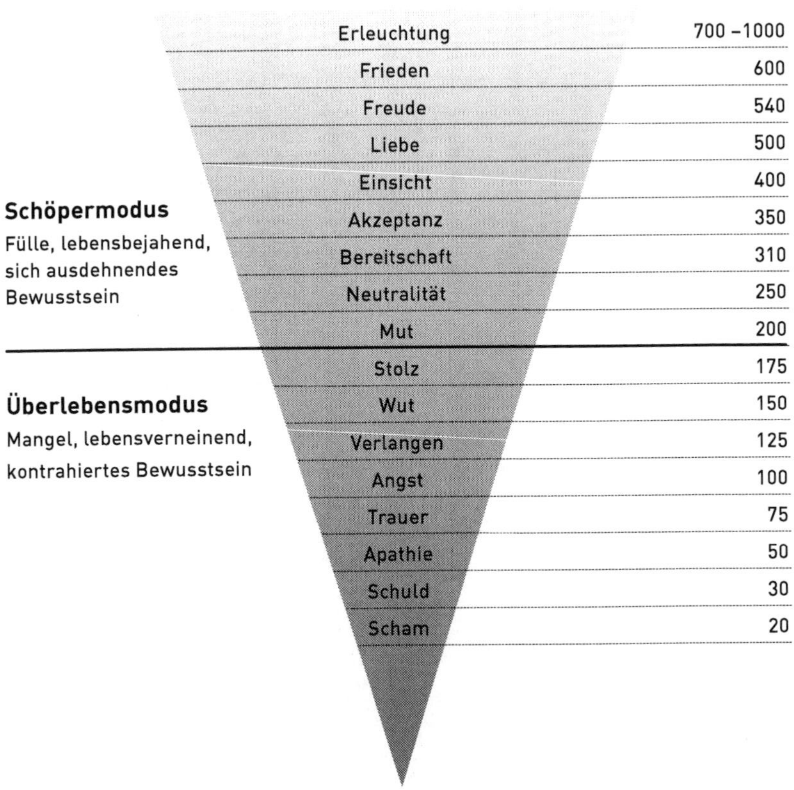

»Das Universum reagiert auf
deine Frequenz.
Es erkennt deine persönlichen Wünsche,
Nöte oder Bedürfnisse nicht.
Es versteht nur die Frequenz, mit der du schwingst.

Ein Beispiel:
Wenn du in der Frequenz von Angst,
Schuld oder Scham schwingst,
wirst du Dinge mit einer ähnlichen
Schwingung anziehen.
Wenn du in der Frequenz von Liebe,
Friede und Freude schwingst,
wirst du Dinge anziehen,
die diese Frequenz unterstützen.
Es ist ein bisschen wie das Einstellen
eines Radiosenders.
Du musst den Musiksender einstellen,
der die Musik spielt, die du hören möchtest,
genauso wie du dich auf die Energie
einstellen solltest,
die du in deinem Leben manifestieren möchtest.
Ändere deine innere Haltung, deine Einstellung,
und es wird dein Leben verändern.«

(Unbekannt)

Test

Wie glücklich und zufrieden bist du mit deinem Leben?
(online auf www.anjawalz.com)

Schau dir folgende Lebensbereiche an und überlege dir, wie zufrieden du bist.
Vergib die Punkte 0 bis 10.

0 = hoffnungslos unzufrieden
10 = vollkommen zufrieden

Gesundheit
(Ernährung, Bewegung, Gewicht, Rauchen, Alkohol ...)

1	2	3	4	5	6	7	8	9	10
☐	☐	☐	☐	☐	☐	☐	☐	☐	☐

Liebe/Partnerschaft
(Gefühle, Vertrauen, Zusammenhalt, Nähe, Sex ...)

1	2	3	4	5	6	7	8	9	10
☐	☐	☐	☐	☐	☐	☐	☐	☐	☐

Familie
(Beziehung zu Eltern, Kindern, Geschwistern ...)

1	2	3	4	5	6	7	8	9	10
☐	☐	☐	☐	☐	☐	☐	☐	☐	☐

Finanzen
(Einkommen, finanzielle Unabhängigkeit, Schulden, Eigentum...)

1	2	3	4	5	6	7	8	9	10
☐	☐	☐	☐	☐	☐	☐	☐	☐	☐

Freunde/soziale Beziehungen

(vertrauensvolle Freunde, gute offene Gespräche, wohltuende Treffen ...)

1	2	3	4	5	6	7	8	9	10
☐	☐	☐	☐	☐	☐	☐	☐	☐	☐

Arbeit/Berufung

(Spaß an der Arbeit, tolle Kollegen, ausgewogene Work-Life-Balance ...)

1	2	3	4	5	6	7	8	9	10
☐	☐	☐	☐	☐	☐	☐	☐	☐	☐

Freizeit/Hobbys

(Zeit für sich selbst, Unternehmungen, Reisen ...)

1	2	3	4	5	6	7	8	9	10
☐	☐	☐	☐	☐	☐	☐	☐	☐	☐

Spiritualität/Glaube

(Sinn des Lebens ...)

1	2	3	4	5	6	7	8	9	10
☐	☐	☐	☐	☐	☐	☐	☐	☐	☐

Selbst-/Persönlichkeitsentwicklung

(Weiterentwicklung, Erfüllung von Zielen, Zugang zur Innenwelt, Selbstvertrauen ...)

1	2	3	4	5	6	7	8	9	10
☐	☐	☐	☐	☐	☐	☐	☐	☐	☐

Umgebung

(Wohnung, Haus, Umfeld ...)

1	2	3	4	5	6	7	8	9	10
☐	☐	☐	☐	☐	☐	☐	☐	☐	☐

Zum Schluss zähle alle Punkte zusammen.

Ergebnis:

0–33
Unzufriedenes Leben
Du führst ein Leben, das dich nicht glücklich macht. Du bist oft niedergeschlagen und verzweifelt und weißt nicht, wie du das ändern kannst. Du fühlst dich häufig als Opfer und denkst, dass das Leben gegen dich ist.
Nutze das Gesetz der Anziehung, damit sich das bald ändert. Du bist der Schöpfer deines Lebens!

34–66
Durchschnittliches Leben
Du führst ein Leben, das in Ordnung ist. Manches läuft ganz gut, aber es gibt auch Bereiche mit viel Potenzial zur Verbesserung, bei dem das Gesetz der Anziehung dich unterstützen kann. Erfüll dir deine Herzenswünsche!

67–100
Zufriedenes Leben
Herzlichen Glückwunsch! Du machst alles richtig. Du führst ein erfülltes, glückliches und zufriedenes Leben. Du scheinst das Gesetz der Anziehung bewusst oder unbewusst schon erfolgreich anzuwenden. Vielleicht findest du für dich dennoch zusätzlichen Input in diesem Buch.

Stell dir vor,
es ist heute in fünf Jahren

Du bist verheiratet mit deinem Traummann, hast ein wundervolles und gemütliches Eigenheim und einen Job, der dir Freude bereitet. Es ist kurz vor Mitternacht. Eure beiden Kinder schlafen schon friedlich. Du und dein Ehemann, ihr sitzt auf dem Sofa, trinkt ein Glas Wein und schaut einen Film. Neben euch schlafen friedlich eure beiden Katzen. Du bist unendlich glücklich und dankbar.

Oder lieber so?

Du hast dich als homosexuell geoutet, wirst von all deinen Lieben genauso akzeptiert und hast dich mit deinem Traummann verlobt. Ihr wohnt in einem wunderschönen Loft in Berlin. Ihr seid beide erfolgreiche Künstler, habt ein gemeinsames Atelier und einen großen Kundenstamm. Ihr reist sehr viel in ferne Länder, um euch neue Inspiration zu holen. Du bist endlich angekommen.

Oder so?

Du bist glücklicher Single und mit dir im Reinen. Du strahlst vor Selbstbewusstsein. Du hast dir dein eigenes Online-Business aufgebaut, das so viel Geld einbringt, dass du mit deinen besten Freunden in einem Van eine Weltreise unternimmst und die interessantesten Menschen kennenlernst. Du fühlst dich glücklich und frei.

Wie sieht dein perfektes Leben in fünf Jahren aus? Damit das keine fünf Jahre mehr dauert, legen wir nun los.

Kleiner Tipp:

Es ist kein Problem, wenn du für ein Kapitel (also einen Tag) mehrere Tage benötigst. Das Wichtigste ist, dass du dir selbst keinerlei Druck machst. Arbeite in deinem eigenen Tempo. Hinten im Buch findest du die sogenannten Bonustage. Ich empfehle dir, diese erst nach den 30 Coaching-Tagen anzugehen.

ORIENTIERUNGS-PHASE

Tag 1 – deine Wünsche

Morgens:

Einen wundervollen guten Morgen!
Deine erste Aufgabe besteht darin, dir erst einmal zu überlegen, was du dir überhaupt wünschst. Das ist der erste Schritt zur Erfüllung deines Traumlebens.

Stell dir folgende Fragen:

Wonach sehnt sich mein Herz?
Was bringt meine Augen zum Strahlen?
Was erfüllt mich?
Was macht mich glücklich?
Wenn ich eine Wunderlampe finden würde und drei Wünsche frei hätte, welche wären es?
Wenn ich 90 Jahre alt wäre, was hätte für mich ein wundervolles und erfülltes Leben ausgemacht?

Denk auch an den Test, den du auf den vorherigen Seiten gemacht hast. In welchem Lebensbereich fehlt dir noch etwas?

Beispiele von mir:

- Die große Liebe finden und heiraten
- Zweites Kind
- Glückliche Familie
- Neue Wohnung
- Neues Auto
- Gewicht von unter 70 kg erreichen
- Genügend Geld verdienen
- Zwei Katzen
- Spiritueller Coach sein

Schreibe deine Wünsche auf:

Nur wenn du genau weißt, was du möchtest, wird das Universum deine Wünsche erfüllen.

Tag 2 – Wünsche-Vision-Board

Morgens:

Einen wundervollen guten Morgen!
Du hast gestern deine Wünsche aufgeschrieben. Wichtig ist aber auch, dass du sie bildlich vor dir sehen kannst. Deshalb darfst du heute ein Wünsche-Vision-Board erstellen. Hierfür gestaltest du ein Plakat mit deinen Wünschen oder erstellst es am PC und druckst es dann aus. Dieses Plakat platzierst du an einem Ort, an dem du es immer sehen kannst, z. B. in der Nähe deines Bettes.

Beispiel von mir:

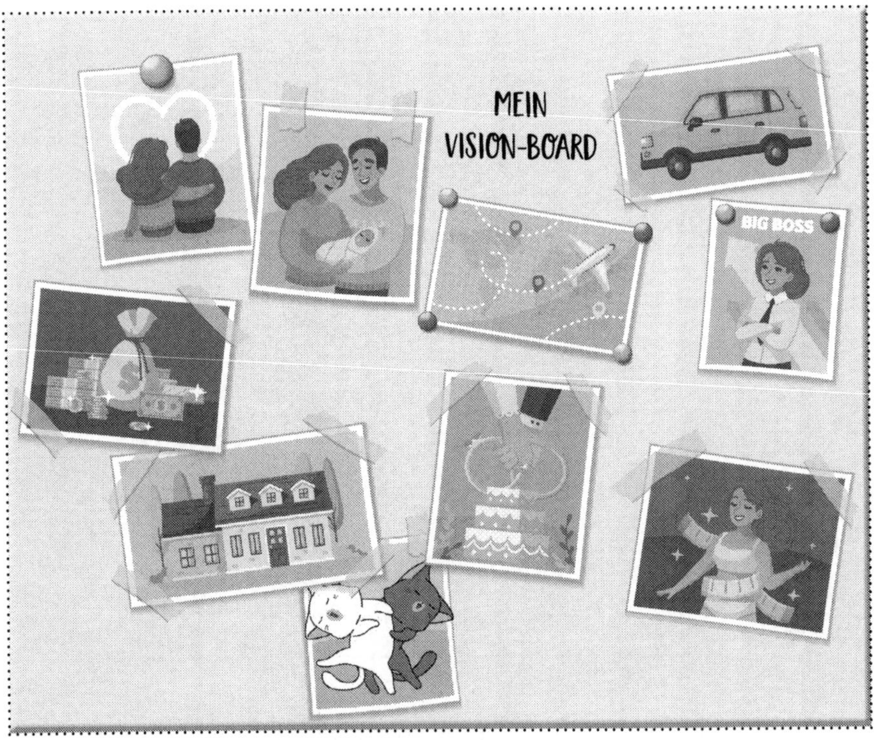

Schreibe deine Wünsche auf:

PLATZ FÜR DEIN
VISION-BOARD

Tag 3 – träume groß

Morgens:

Einen wundervollen guten Morgen!
Es gibt Wünsche, die etwas detaillierter ausfallen, z. B. wenn sie deinen Traumpartner oder deine Traumwohnung betreffen. Ich empfehle dir, genau aufzuschreiben, was du dir wünschst. Achte darauf, immer die Gegenwartsform zu benutzen und Wörter wie »nicht«, »kein« oder ähnliche Begriffe zu vermeiden, so wie es im Kapitel »Anleitung zum Gesetz der Anziehung« beschrieben wird.

Beispiel Traumpartner:

Er ist treu.
Er wohnt in meiner Nähe.
Er ist ehrlich.
Er kann sich eigene Kinder vorstellen.

Wünsch dir bitte nur Eigenschaften, mit denen du wirklich zurechtkommst! Hier ist es wichtig, dass du dir keine bestimmte Person wünschst, die du schon kennst, z. B. den Expartner. Es gab schließlich einen Grund dafür, dass diese Beziehung zu Ende ging. Außerdem ist es nicht möglich, mit dem Gesetz der Anziehung den freien Willen eines anderen Menschen zu beeinflussen. Wünsch dir stattdessen jemanden, der viel besser zu dir passt als dein früherer Partner!

Beispiel Wohnung:

Die Wohnung verfügt über vier gut geschnittene, lichtdurchflutete Zimmer mit einer Gesamtfläche von 100 m². Sie befindet sich in Zentrumsnähe.
Es gibt einen großen Balkon, auf den vier Stühle, ein Grill und ein Tisch passen. Die Wohnung ist mit einem großen, gemütlichen Tageslichtbad mit Badewanne, Dusche und Fenster ausgestattet.
Die Warmmiete liegt bei 900 Euro.

Schreib alles genau so auf, wie du es gern hättest. Wenn du mit deiner Liste fertig bist, platziere sie neben dein Wünsche-Vision-Board. Ich wünsche dir viel Spaß beim Erfüllen deiner Wünsche!

Tag 4 – deine bisherigen unbewussten Manifestationen

Morgens:

Einen wundervollen guten Morgen!
Nun weißt du, was du von ganzem Herzen möchtest! Wir werden das Gesetz der Anziehung dafür nutzen, dass du das auch erreichen wirst. Überlege dir heute in Ruhe, ob das Gesetz der Anziehung schon einmal unbewusst bei dir funktioniert hat, als du noch nichts von diesem Gesetz wusstest. Vielleicht war das in deiner Kindheit oder Jugend der Fall?

Hier ein Beispiel aus meinem eigenen Leben:

Ich habe mir nach meinem Schulabschluss eine Ausbildungsstelle bei einer bestimmten Firma gewünscht und mir vorgestellt, wie ich diese Ausbildung genau dort beginne. Doch zunächst erhielt ich eine Absage. Trotzdem war ich aus irgendeinem Grund sicher, dass ich dort meine Ausbildung beginnen werde. Der Ausbildungsstart war damals auf den 01.09. datiert. Am 30.08. erhielt ich morgens einen Anruf, bei dem man mir mitteilte, dass jemand abgesagt hätte, und mich darum bat, gleich zum Vorstellungsgespräch zu erscheinen. Dort konnte ich dann im Vergleich zu den Mitbewerbern überzeugen und erhielt eine Zusage.

Tag 5 – deine Gedanken, Gefühle und Reaktionen

Morgens:

Einen wundervollen guten Morgen!
Die meisten Menschen konzentrieren sich täglich auf ihre Sorgen und Probleme anstatt auf das, was sie sich wirklich wünschen. Beobachte heute einfach einmal deine Gedanken, Gefühle, Reaktionen und Handlungen im Alltag. Versuch heute im Laufe des Tages, einmal für fünf bis zehn Minuten nur dazusitzen, die Augen zu schließen und dabei ausschließlich deinem Atem zu lauschen. Achte darauf, welche Gedanken und Gefühle in dir aufkommen.

Abends:

Heute hast du deine Gedanken, Gefühle, Reaktionen und Handlungen im Alltag beobachtet. Was denkst du:

Wie oft waren sie negativ?
Wie oft hast du dich beklagt?
Wie oft warst du genervt?
Wie oft warst du gestresst?
Wie oft hast du dich selbst abgewertet?
Welche negativen Gedanken kamen immer wieder in dir auf?
Wie war dies, als du die Übung in der Stille gemacht hast?

Vergiss nicht:
Du ziehst immer das an, auf das du deine Aufmerksamkeit lenkst.

Schreib deine Hauptgefühle und Verhaltensweisen hier auf:

Hauptgefühle:

Beispiele:

- Ängstlich
- Nervös
- Deprimiert
- Eifersüchtig
- Traurig
- Unglücklich
- Verzweifelt

- Motiviert
- Fröhlich
- Erfüllt
- Dankbar
- Glücklich
- Zufrieden
- Begeistert

-
-
-
-
-

Verhaltensweisen:

Beispiele:

- Negativ über andere sprechen
- Grübeln
- Zweifeln
- Skeptisch sein
- Sich ständig beklagen
- Schuld immer bei anderen suchen
- Sich selbst abwerten
- Perfektionszwang
- Sich in Ängste hineinsteigern
- Immer recht haben wollen
- Streitsüchtig sein
- Alles auf morgen verschieben
- Keine Ziele und Wünsche haben
- Sich Fehler nicht verzeihen
- Lügen
- Nicht schätzen, was man hat

- Freundlich sein
- Hilfsbereit sein
- Ziele setzen
- Träume verwirklichen
- An sich glauben
- Die Zukunft optimistisch sehen
- Ängste und Frust abbauen
- Achtsam sein
- Sich selbst loben
- Sich seiner Stärken und Talente bewusst werden
- Sich selbst lieben
- Lächeln
- Verzeihen können
- Zuverlässig sein
- Liebe geben
- Einen Beitrag zur Gemeinschaft leisten

- ---
- ---
- ---
- ---
- ---

Tag 6 – Dankbarkeit

Morgens:

Einen wundervollen guten Morgen!
Als Nächstes werden wir deinen Fokus ändern. Schreib mindestens 20 Punkte auf, für die du dankbar bist:

-
-
-
-
-
-
-
-
-
-
-
-
-

-
-
-
-
-
-
-

Beobachte dich weiterhin im Alltag. Immer wenn du an ein Problem denkst, schau dir deine gewünschte Lösung vor deinem inneren Auge an.

Tag 7 – Dankbarkeit im Alltag

Morgens:

Einen wundervollen guten Morgen!
Gestern hast du 20 Punkte aufgeschrieben, für die du dankbar bist. Hast du dabei auch an Dinge gedacht, die für dich selbst verständlich sind?

Dies kann z. B. Folgendes sein:

- dass du gesund bist,
- sauberes Wasser zum Trinken hast,
- über ausreichend Nahrung verfügst,
- der Strom aus der Steckdose kommt,
- es eine Heizung gibt,
- du einen Bildungsweg genießen durftest,
- du eine eigene Toilette,
- eine warme Dusche,
- ein Bett und
- Kleidung besitzt.

Beobachte dich weiterhin im Alltag und konzentriere dich auf das, was du möchtest. Dann ziehst du es an. Ab morgen werden wir die Dankbarkeitsübung jeden Tag in deinen Tagesablauf integrieren.

UMSETZUNGS-PHASE

Tag 8 – dein absoluter Herzenswunsch

Morgens:

Einen wundervollen guten Morgen!
Für welche weiteren fünf Punkte bist du dankbar?

-
-
-
-
-

Beobachte dich weiterhin im Alltag. Denk an das, was du willst, und nicht an das, was du nicht willst. Überleg dir heute, welcher deiner Wünsche dein absoluter Herzenswunsch ist. Wir üben erst einmal mit einem Wunsch. Wenn du das Visualisieren/Erschaffen schon gut beherrschst, kannst du weitere Wünsche ergänzen.

Mein Herzenswunsch:

Ab morgen werden wir das Visualisieren deines Wunsches üben.

Tag 9 – Visualisierung deines Herzenswunsches

Morgens:

Einen wundervollen guten Morgen!
Für welche weiteren fünf Punkte bist du dankbar?

-
-
-
-
-

Beobachte dich weiterhin im Alltag. Wenn du positiv denkst, ziehst du Positives an.

Abends:

Jetzt kommen wir zu einem sehr wichtigen Teil: Du visualisierst deinen Herzenswunsch, damit er schon bald in Erfüllung geht. Eine Anleitung hierzu findest du im Kapitel »Visualisierungsübung«. Für diese Übung benötigst du etwas Zeit und solltest vor allem ungestört sein. Am besten führst du sie durch, bevor du zu Bett gehst. Ich wünsche dir eine wunderschöne und erholsame Nacht!

Tag 10 – Selbstliebe

Morgens:

Einen wundervollen guten Morgen!
Für welche weiteren fünf Punkte bist du dankbar?

-
-
-
-
-

Beobachte dich weiterhin im Alltag. Statt an das Problem zu denken, betrachte die Lösung vor dir. Je besser dies gelingt, umso schneller löst sich dein Problem.

Mittags:

Bitte schreib drei Dinge auf, die du an dir magst.

-
-
-

Beispiele:
- Meine Haare
- Mein Gesicht
- Meine Augen
- Meinen Humor
- Meinen Gerechtigkeitssinn
- Mein Organisationstalent

Abends:

Nun führe wieder, wie gestern, die Visualisierungsübung durch. Ich wünsche dir eine wunderschöne und erholsame Nacht!

Tag 11 – Dinge, die dich glücklich machen

Morgens:

Einen wundervollen guten Morgen!
Für welche weiteren fünf Punkte bist du dankbar?

- ______________________________
- ______________________________
- ______________________________
- ______________________________
- ______________________________

Beobachte dich weiterhin im Alltag. Denk an das, was du willst, und nicht an das, was du nicht willst.

Mittags:

Bitte schreib drei Dinge auf, die dich glücklich machen. Damit erschaffst du eine positive Energie. Dies können auch Kleinigkeiten sein, z. B. dein Lieblingsessen, Schokolade, ein gutes Buch oder ein heißes Bad.

- ______________________________
- ______________________________

•

Abends:

Für welche drei Dinge, die du heute erlebt hast, bist du dankbar?

•

•

•

Leg dich wieder in dein Bett und führe die Visualisierungsübung durch, um deinem Wunsch immer näher zu kommen.
Ich wünsche dir eine wunderschöne und erholsame Nacht!

Tag 12 – dein Wunsch im Alltag

Morgens:

Einen wundervollen guten Morgen!
Für welche weiteren fünf Punkte bist du dankbar?

-
-
-
-
-

Beobachte dich weiterhin im Alltag. Wenn du positiv denkst, ziehst du Positives an.

Beziehe deinen Wunsch heute in deinen Alltag ein, denn so erfüllt er sich schneller! Informationen hierzu findest du im Kapitel »Visualisierungsübung für den Alltag«.

Abends:

Für welche drei Dinge, die du heute erlebt hast, bist du dankbar?

-
-

•

Tauch wieder mit der Visualisierungsübung in dein Traumleben ein.
Ich wünsche dir eine wunderschöne und erholsame Nacht!

Tag 13 – Hilfsmittel zum Visualisieren

Morgens:

Einen wundervollen guten Morgen!
Für welche weiteren fünf Punkte bist du dankbar?

-
-
-
-
-

Beobachte dich weiterhin im Alltag. Statt an das Problem zu denken, betrachte die Lösung vor dir. So löst sich dein Problem schneller.

Bau deinen Wunsch wieder in deinen Alltag ein, damit er schon bald wahr wird. Du kannst auch kleine Hilfsmittel verwenden, dann klappt das Visualisieren noch besser und deine Wünsche erfüllen sich schneller. Mehr dazu erfährst du im Kapitel »Mentale Hilfsmittel zum Visualisieren«.

Abends:

Für welche drei Dinge, die du heute erlebt hast, bist du dankbar?

-
-
-

Wiederhol nun wieder die Visualisierungsübung, damit sich dein Traum bald erfüllt.
Ich wünsche dir eine wunderschöne und erholsame Nacht!

Tag 14 – innerer Beobachter

Morgens:

Einen wundervollen guten Morgen!
Für welche weiteren fünf Punkte bist du dankbar?

-
-
-
-
-

Achte heute erneut auf deine Gefühle und dein Verhalten. Fühlst du dich gut, bist du im Einklang mit deinen Wünschen. Fühlst du dich hingegen schlecht, erschaffst du etwas, das du nicht willst. Denk immer an das, was du möchtest. Werde ab sofort zu deinem inneren Beobachter! Fühl dich immer gut dabei, wenn du an deinen Wunsch denkst, sonst stößt du ihn ab.

Ich nenne dir jetzt einige Beispiele:

Beispiel Traumpartner:

Negativ

In meinem Freundeskreis gab es viele Paare, die zum damaligen Zeitpunkt zusammenzogen, sich verlobten, heirateten, ein Haus bauten, eine Familie gründeten etc. Ich war neidisch, weil ich mir das auch wünschte, und konnte mich gar nicht richtig für meine Freunde freuen. Aber genau hier lag mein Fehler! Wenn ich mich in Bezug auf das Partnerschaftsthema schlecht fühlte, strahlte ich einen Mangel aus und lenkte dadurch noch mehr Leid auf mich. Deswegen zog ich dann Männer an, die es nicht ehrlich mit mir meinten.

Positiv

Erst als ich mein Leben mit meinem Traummann in allen Einzelheiten visualisierte und diesen Wunsch in meinen Alltag integrierte, konnte ich mir auch positive Gedanken in Bezug auf Partnerschaft machen und mich für andere Paare freuen. Ich glaubte ganz fest daran, dass auch mein Traummann bald in meinem Leben sein würde, war sehr dankbar dafür und so zog ich ihn an.

Beispiel Haus:

Negativ

Du wohnst in einer kleinen Mietwohnung und beneidest deine Freunde, die in einem Eigenheim wohnen und einen schönen großen Garten haben. Du denkst: »So etwas hätte ich auch gern, aber das werde ich mir ohnehin nie leisten können.« So sendest du einen Mangel aus und stößt deinen Wunsch ab.

Positiv

Du siehst dein Traumhaus schon detailliert vor dir. Du weißt genau, in welcher Stadt es steht und wie es aussieht. Jedes Zimmer ist bereits nach deinen Wünschen eingerichtet und du stellst dir vor, wie du jeden Raum durchschreitest. Du riechst die frische Farbe an den Wänden und betrachtest voller Begeisterung die neue Einrichtung. In deinem eigenen Garten kannst du die roten Rosen und den Thymian riechen. Du empfindest eine unglaubliche Freude und Dankbarkeit, da du nun in deinem Traumhaus wohnst. So erzeugst du positive Gefühle und ziehst deinen Wunsch an.

Beispiel Geld:

Negativ

Jedes Mal, wenn du zu deinem Briefkasten gehst und eine Rechnung darin vorfindest, denkst du dir: »Nicht schon wieder! Wie soll ich das denn alles bezahlen? Die Miete ist in wenigen Tagen auch fällig. So klappt es dieses Jahr nicht mit der Urlaubsreise.« Mit diesem Verhalten ziehst du noch mehr Mangel an und lenkst somit Schulden in dein Leben.

Positiv

Stell dir vor, wie du mit Leichtigkeit deine Rechnungen bezahlst und danach noch genügend Geld übrig bleibt. Mal dir aus, wie du in Kaufhäuser gehst und genau das kaufst, was du möchtest. Führ dir detailliert vor Augen, was du mit deinem Geld kaufst, z. B. das neue Handy, das du dir schon lange gewünscht hast, oder die neue Designer-Jeans. Spür, wie glücklich und dankbar du dafür bist. Wenn du einen Ratenkredit abbezahlen musst, sieh vor dir, wie du alle Raten auf einmal beglichen hast und den Kreditvertrag zerreißt, und stell dir vor, wie glücklich du darüber bist.

Bezieh alle deine Sinne mit ein. Glaub an deine Wünsche und sie werden wahr! Integriere nun deinen Wunsch, wie gestern, in deinen Alltag.

Abends:

Ich hoffe, du hattest heute weniger negative Gedanken und Verhaltensweisen.
Wie du bemerkst, versuche ich, dich mit meinen Übungen dazu zu bringen, positiver zu denken. Denn Positives zieht noch mehr Positives an.

Für welche drei Dinge, die du heute erlebt hast, bist du dankbar?

-
-
-

Nun darfst du dich wieder der Visualisierungsübung widmen.
Ich wünsche dir eine wunderschöne und erholsame Nacht!

Tag 15 – fest verankerte negative Glaubenssätze

Morgens:

Einen wundervollen guten Morgen!
Für welche weiteren fünf Punkte bist du dankbar?

-
-
-
-
-

Achte heute erneut auf deine Gefühle und dein Verhalten. Wenn du dich auf das Positive konzentrierst, ziehst du noch mehr davon in dein Leben.

Leider gibt es beim Wünschen ein mächtiges Hindernis. Das sind die sogenannten fest verankerten negativen Glaubenssätze. Sie sorgen dafür, dass sich Wünsche nicht erfüllen, egal, wie sehr man versucht, diese zu visualisieren und an sie zu glauben. Wie du im Inneren bist, so zeigt sich dein Äußeres. Dazu kommen wir morgen.

Mittags:

Schreib drei Dinge auf, die du gut kannst.

-
-
-

Beispiele:

- Mit Kindern umgehen
- Konflikte lösen
- Zuhören
- Organisieren
- Schwimmen
- Singen
- Zeichnen

Abends:

Für welche drei Dinge, die du heute erlebt hast, bist du dankbar?

-
-
-

Beende deinen Tag wieder mit der Visualisierungsübung, damit sich dein Wunsch erfüllt. Ich wünsche dir eine wunderschöne und erholsame Nacht!

Tag 16 – Beispiele von fest verankerten negativen Glaubenssätzen

Morgens:

Einen wundervollen guten Morgen!
Für welche weiteren fünf Punkte bist du dankbar?

-
-
-
-
-

Beobachte dich weiterhin im Alltag. Wenn du positiv denkst, ziehst du Positives an.

Nun kommen wir zu den fest verankerten negativen Glaubenssätzen. Sie sind deine persönliche Wahrheit. Negative Glaubenssätze wirken seit der Kindheit oder den ersten negativen Erfahrungen fest im Unterbewusstsein.

Ich zähle dir einmal einige Beispiele auf:

- Ich finde nie einen passenden Partner.
- Ich habe immer Pech.
- Andere werden immer bevorzugt.
- Das Leben ist schwierig.

- Ich bin zu dumm dafür.
- Geld macht unglücklich.
- Alle Reichen sind Verbrecher.
- Ich bin ein Angsthase.
- Ich bin ein Versager.
- Wer hoch hinauswill, fällt tief

Solche negativen Glaubenssätze hindern dich daran, das Leben zu erschaffen, das du dir wünschst, denn das Vorstellen allein reicht leider nicht. Der Glaube daran ist sehr wichtig!

Denk an die vier Schritte der Anleitung:

1. **Wünschen**
2. **Glauben**
3. **Visualisieren/Erschaffen**
4. **Losgehen**

GLAUBEN UND VISUALISIEREN GEHÖREN ZUSAMMEN!
VERGISS DABEI NIE DIE FREUDE UND DANKBARKEIT!

Ab morgen werden wir deine negativen Glaubenssätze herausarbeiten und auflösen, damit sie dir nicht mehr im Weg stehen.

Mittags:

Notiere, auf welche Erlebnisse du dich in deinem Leben freust.

-
-
-
-
-

Beispiele:

- Meinen Sommerurlaub
- Ein Konzert meiner Lieblingsband
- Meinen Geburtstag

Abends:

Für welche drei Dinge, die du heute erlebt hast, bist du dankbar?

-
-
-

Starte nun wieder die Visualisierungsübung, damit das Unsichtbare bald sichtbar wird.
Ich wünsche dir eine wunderschöne und erholsame Nacht!

EXZELLENZ-PHASE

Tag 17 – deine fest verankerten negativen Glaubenssätze

Morgens:

Einen wundervollen guten Morgen!
Ein Wunsch, der sich aufgrund eines negativen Glaubenssatzes bei mir nicht erfüllt hatte, sah folgendermaßen aus:

Ich habe mir eine Gehaltserhöhung um 1.000 Euro gewünscht. Ich habe alles genau visualisiert, stellte mir vor, wie das Geld auf meinem Kontoauszug abgedruckt ist und malte mir aus, was ich damit alles kaufe etc. Aber eine kleine Stimme in meinem Kopf sagte mir immer: »Das funktioniert doch sowieso nicht!« Und genau so kam es natürlich. Es funktionierte nicht. Daran war ein negativer Glaubenssatz in meinem Kopf schuld. Also änderte ich meine Strategie und entschied mich für eine Summe, von der ich glauben konnte, dass sie als Gehaltserhöhung realisierbar sei: 300 Euro. Ich habe mir vorgestellt, wie mein Chef zu mir kommt und mir mitteilt, dass ich eine Gehaltserhöhung von 300 Euro bekomme, und wie gut ich mich damit fühle, wie stolz ich auf mich bin und was ich mir als Belohnung von diesem Geld kaufe. Ich habe ganz fest daran geglaubt. Das WIE habe ich dem Universum überlassen. Drei Monate später wurde genau diese Szene Wirklichkeit!

Du musst fest davon überzeugt sein, dass dein Wunsch auf dem Weg zu dir ist!

Deine Aufgabe in den nächsten zwei Tagen besteht nun darin, deine fest verankerten negativen Glaubenssätze zu ergründen und aufzuschreiben. Dazu untersuchst du die Wünsche, die bisher noch nicht erfüllt wurden. Du überlegst dir, welcher Glaubenssatz dahinterstecken könnte und aus welcher Situation er stammt.

Anbei einige weitere Beispiele von mir:

Thema Geld:

Man muss für Geld hart arbeiten.

Diesen Glaubenssatz habe ich als achtjähriges Kind schon von vielen Erwachsenen gehört, genauso in der Schulzeit und als ich meine Ausbildung begann. Deswegen hatte ich früher immer Probleme damit, Geld zu wünschen.

Thema Liebe:

Ich kann keinem Mann vertrauen.

Ich wurde von meiner ersten großen Liebe mit 16 Jahren zutiefst verletzt, als er sich in eine andere Frau verliebte. Der Verlust an Vertrauen war ein Glaubenssatz, der mich danach sehr lange begleitet hatte. Aus diesem Grund konnten meine weiteren Beziehungen auch nicht funktionieren. Ich zog ausschließlich Männer an, denen ich tatsächlich nicht vertrauen konnte.

Es gibt ein sehr schönes Zitat aus dem Buch »Ein neuer Anfang« von Jerry und Esther Hicks:

»Was ihr wahrnehmt, hat mehr mit euren Überzeugungen und Glaubenssätzen zu tun, als mit dem tatsächlichen Erlebnis. Euer vergangenes Leben bestimmt eure heutige Erfahrung stärker als die Ereignisse des heutigen Tages. Wenn ihr alle ein Buch über den heutigen Abend schreiben würdet, würden sie sich so sehr voneinander unterscheiden, dass ein Leser nicht einmal erkennen könnte, dass ihr über dasselbe Ereignis geschrieben habt.«[5]

Die meisten negativen Glaubenssätze entstehen in unserer Kindheit. Ich habe eine hilfreiche Übung für dich entwickelt, die dir hilft, dich mit deinem inneren Kind zu verbinden und so deine negativen Glaubenssätze herauszufinden.

TRIGGERWARNUNG INNERES KIND

Falls du eine sehr schwere Kindheit hattest und noch nicht in therapeutischer Behandlung bist, führe diese Übung nicht durch.

Leg oder setz dich hin und schließ deine Augen. Atme ein paar Mal tief durch die Nase ein und wieder aus, bis du sehr entspannt bist. Nun sieh dich als Kind vor deinem inneren Auge, in einer Situation, in der du traurig warst.

Wie alt warst du?
Wo warst du?
Was war passiert?
Wie hast du dich damals gefühlt?
Hast du dich klein, hilflos oder schwach gefühlt?

Welchen Glaubenssatz hast du damals möglicherweise daraus geschlussfolgert?

Beispiele:

Ich genüge nicht.
Ich muss immer lieb sein.
Ich darf mich nicht wehren.
Alle anderen sind wichtiger als ich.

Stell dir vor, wie du als heutiger, eigenständiger Erwachsener, der du bist, dein inneres Kind in den Arm nimmst und sagst: »Du bist nicht mehr allein. Ich bin immer bei dir. Deine Glaubenssätze über dich sind nicht richtig. Du bist gut so, wie du bist. Ich liebe dich.« Halte es einige Zeit im Arm und tröste es.

Ich empfehle dir auch von Herzen das Buch »Das Kind in dir muss Heimat finden« von Stefanie Stahl, wenn du mit deinen negativen Glaubenssätzen aufräumen willst.
Im Kapitel »Beispiele für negative Glaubenssätze« findest du eine Liste mit negativen Glaubenssätzen.

Hinweis:
Falls etwas aufkommt, mit dem du allein nicht klarkommst, scheue dich nicht davor, professionelle Hilfe zu suchen.

Deine Glaubenssätze/Situation:

-

-

Tag 18 – erschaffe dir bewusst deinen Tag und unternimm den ersten Schritt in Richtung deines Wunsches

Morgens:

Einen wundervollen guten Morgen!
Für welche weiteren fünf Punkte bist du dankbar?

-
-
-
-
-

Beobachte dich weiterhin im Alltag. Statt an das Problem zu denken, sieh die Lösung vor dir, umso schneller löst sich dein Problem. Ich habe noch eine kleine effektive Übung für dich: Erschaffe dir bewusst deinen Tag. Dazu überlegst du dir, was du heute alles schaffen möchtest. Stell dir vor, wie es bereits erledigt ist, und sei sehr dankbar dafür.

Beispiel:

Ich habe heute auf der Arbeit drei Kundenaufträge erledigt, den Haushalt gemeistert und Lebensmittel eingekauft. Abends liege ich gemütlich auf der Couch, mit einem guten Buch, und bin stolz auf mich und dankbar für alles, was ich heute geschafft habe.

Tipp:

Ich arbeite täglich mit einer To-do-Liste, die ich abarbeite. Wenn ich eine Aufgabe abgehakt habe, bin ich sehr stolz auf mich. Diese Liste erstelle ich meistens schon einige Tage vorher.

Mittags:

Welchen kleinen Schritt kannst du heute schon unternehmen, um deinem Traumleben ein kleines Stück näher zu kommen? Setz ihn um!
Es ist sehr wichtig, dass du mental auf deinen Wunsch vorbereitet bist, um ihn anzuziehen, aber du musst natürlich auch dafür starten.
Beispiele > Siehe Kapitel:
»Dein Traumleben beginnt heute: Dein erster kleiner Schritt!«

Abends:

Für welche drei Dinge, die du heute erlebt hast, bist du dankbar?

-
-
-

Erschaffe dein Traumleben wieder mit der Visualisierungsübung. Morgen gehen wir darauf ein, wie du deine Glaubenssätze ändern kannst. Ich wünsche dir eine wunderschöne und erholsame Nacht!

Tag 19 – Gegenbeweise suchen

Morgens:

Einen wundervollen guten Morgen!
Für welche weiteren fünf Punkte bist du dankbar?

-
-
-
-
-

Achte heute erneut auf deine Gefühle und dein Verhalten. In den letzten Tagen hast du deine fest verankerten negativen Glaubenssätze notiert. Damit werden wir heute arbeiten. Deine Aufgabe besteht in den nächsten Tagen darin, Gegenbeweise für deine Glaubenssätze zu suchen und aufzuschreiben. Ich zeige dir ein Beispiel anhand meiner früheren Glaubenssätze:

Man muss hart arbeiten für Geld.

Hier kommt es nun darauf an, Gegenbeweise zu finden, die diesen Satz widerlegen. Benötigt werden Beweise dafür, dass es sehr wohl möglich ist, Geld zu bekommen, ohne hart dafür zu arbeiten:

- Ich habe schon öfter Geld geschenkt bekommen, z. B. zum Geburtstag.
- Ich habe bereits Geld gewonnen.

- Ich habe schon einmal Geld geerbt.
- Ich habe einmal zehn Euro auf der Straße gefunden.

Ich kann keinem Mann vertrauen.

Gesucht werden Gegenbeweise, die zeigen, dass es in der Vergangenheit sehr wohl bereits möglich war, einem Mann zu vertrauen:

- Ich habe XY ein Geheimnis erzählt und er hat es für sich behalten.
- XY hat mir in einer schweren Situation geholfen.
- XY sagte mir ehrlich, dass ...
- XY hat mich vor XX in Schutz genommen.

Abends:

Für welche drei Dinge, die du heute erlebt hast, bist du dankbar?

- --
- --
- --

Beende deinen Tag wieder mit der Visualisierungsübung, um deinen Wunsch zu realisieren.
Ich wünsche dir eine wunderschöne und erholsame Nacht!

Tag 20 – Gegenbeweise herbeiführen

Morgens:

Einen wundervollen guten Morgen!
Für welche weiteren fünf Punkte bist du dankbar?

-
-
-
-
-

Beobachte dich weiterhin im Alltag. Wenn du positiv denkst, ziehst du Positives an.
Falls du gestern intensiv nachgedacht hast und keinen einzigen Gegenbeweis für deine negativen Glaubenssätze finden konntest, suche selbst jeden Tag gezielt nach Gegenbeweisen oder führe sogar absichtlich Situationen herbei, die dir das Gegenteil deines Glaubenssatzes beweisen können. Es ist sehr wichtig, dass du all deine negativen Glaubenssätze erkennst und widerlegst.

Beispiel:

Du fühlst dich wertlos.

Frage Menschen, die dir nahestehen, was sie an dir schätzen, und bitte sie um eine ehrliche Antwort.

Abends:

Für welche drei Dinge, die du heute erlebt hast, bist du dankbar?

-
-
-

Nun darfst du wieder die Visualisierungsübung durchführen.
Ich wünsche dir eine wunderschöne und erholsame Nacht!

Tag 21 – ohne Medien sein

Morgens:

Einen wundervollen guten Morgen!
Für welche weiteren fünf Punkte bist du dankbar?

- --
- --
- --
- --
- --

Integriere deinen Wunsch wieder in deinen Alltag, umso schneller kommt er zu dir.

Versuch heute einmal, dich zwei bis drei Stunden lang ohne Medien zu beschäftigen. Lass Fernseher, PC, Tablet, Zeitung oder das Handy beiseite. Geh stattdessen spazieren, male etwas, nimm ein heißes Bad etc. Wenn du Kinder hast, spiel mit ihnen oder lies ihnen etwas vor.
Warum? Zum einen prasseln durch die Medien zu viele negative Berichte auf uns ein, die uns unbewusst belasten, und zum anderen führt es zu Stress. Glaub mir, das wird dir sehr guttun!

Abends:

Für welche drei Dinge, die du heute erlebt hast, bist du dankbar?

-
-
-

Tauch wieder in dein Traumleben ein, am besten mit der Visualisierungsübung. Wenn du dazu bereit bist, kannst du heute deinen zweiten Wunsch mit dazunehmen.
Ich wünsche dir eine wunderschöne und erholsame Nacht!

Tag 22 – Selbstliebe

Morgens:

Einen wundervollen guten Morgen!
Für welche weiteren fünf Punkte bist du dankbar?

-
-
-
-
-

Achte heute erneut auf deine Gefühle und dein Verhalten und baue das Visualisieren deiner beiden Wünsche in deinen Alltag ein.

Mittags:

Überleg dir heute einmal Folgendes: Wenn du selbst deine beste Freundin oder dein bester Freund wärst, was würdest du an dir schätzen? Versuch, mindestens drei Punkte zu finden.

-
-
-

Abends:

Für welche drei Dinge, die du heute erlebt hast, bist du dankbar?

-
-
-

Leg dich wieder in dein Bett und führe die Visualisierungsübung durch, um dich deinen Wünschen weiter anzunähern.
Ich wünsche dir eine wunderschöne und erholsame Nacht!

Tag 23 – positive Glaubenssätze und der erste Schritt zu deinem Wunsch

Morgens:

Einen wundervollen guten Morgen!
Für welche weiteren fünf Punkte bist du dankbar?

-
-
-
-
-

Beobachte dich weiterhin im Alltag. Statt an das Problem zu denken, sieh die Lösung vor dir. So löst sich dein Problem schneller.

Ich werde dir anhand meiner beiden Glaubenssätze von Tag 17 zeigen, wie man seine negativen Glaubenssätze in positive umwandelt:

Man muss hart arbeiten für Geld. =
Ich ziehe Geld mit Leichtigkeit in mein Leben.

Ich kann keinem Mann vertrauen. =
Ich habe einen vertrauensvollen Liebespartner an meiner Seite.

Nun wandle deine negativen Glaubenssätze in positive Glaubenssätze um:

-

=

-

=

-

=

Mittags:

Welchen kleinen Schritt kannst du heute schon unternehmen, um deinem Traumleben ein kleines Stück näher zu kommen? Setz ihn um!
Es ist sehr wichtig, dass du mental auf deinen Wunsch vorbereitet bist, um ihn anzuziehen, aber du musst natürlich auch dafür starten.

Abends:

Für welche drei Dinge, die du heute erlebt hast, bist du dankbar?

-
-
-

Führ nun wieder die Visualisierungsübung durch, damit du bald die Erfüllung deiner Wünsche erleben kannst.
Ich wünsche dir eine wunderschöne und erholsame Nacht!

Tag 24 – die schönsten Momente in deinem Leben

Morgens:

Einen wundervollen guten Morgen!
Für welche weiteren fünf Punkte bist du dankbar?

-
-
-
-
-

Beobachte dich weiterhin im Alltag. Wenn du positiv denkst, ziehst du Positives an.

Mittags:

Welche Momente waren die schönsten in deinem Leben? Denk daran zurück. Fühl, wie glücklich du warst, und sei unendlich dankbar dafür. Dann werden weitere Momente dieser Art in dein Leben kommen.

-
-

•

•

•

•

•

Abends:

Für welche drei Dinge, die du heute erlebt hast, bist du dankbar?

•

•

•

Visualisiere erneut dein Traumleben, umso schneller wird es Realität. Ich wünsche dir eine wunderschöne und erholsame Nacht!

Tag 25 – Affirmationen

Morgens:

Einen wundervollen guten Morgen!
Für welche weiteren fünf Punkte bist du dankbar?

-
-
-
-
-

Achte heute erneut auf deine Gefühle und auf dein Verhalten.

Ich habe mir aus meinen umgewandelten Glaubenssätzen eine einzige positive Affirmation erstellt, die alle Aspekte abdeckt, mit denen ich noch Probleme beim Wünschen hatte.

Meine Affirmation lautet:

Ich bin glücklich und zufrieden. Ich liebe mich selbst. Ich kann mir finanziell alles leisten, was ich möchte. Ich habe eine wundervolle, glückliche und vertrauensvolle Liebesbeziehung.

Diese Affirmation habe ich täglich immer wieder in Gedanken aufgesagt. Ich habe richtig gefühlt, dass sie wahr werden wird. Ich habe die Affirmation an meinen Spiegel geklebt, damit ich sie oft sehen konnte, und als Hintergrundbild ins Handy geschaltet. Anfangs fühlte es sich noch fremd an und traf auf Widerstand in mir. Aber davon ließ ich mich nicht

entmutigen. Irgendwann konnte ich es glauben. Dazu habe ich natürlich weiterhin jeden Tag mein Traumleben visualisiert. Bald schon gelangten der Mann, dem ich blind vertrauen konnte, ein Lottogewinn und ein großzügiges Geldgeschenk in mein Leben. Damit hat es auch endlich mit dem Geldwunsch geklappt. Ich hatte die kleine negative Stimme in meinem Kopf besiegt.
Falls du Probleme mit deinem Selbstwert hast, kannst du Folgendes in deine Affirmation aufnehmen:

Ich liebe mich selbst.
Ich bin gut, so wie ich bin.
Ich genüge.

Falls die Angst ein täglicher Begleiter in deinem Leben ist, kannst du Folgendes in deine Affirmation einfügen:

Ich bin in Sicherheit.
Ich bin stark.
Ich schaffe das.

Wenn du zu sehr über Probleme grübelst:

Alles ist gut.
Meine Probleme sind gelöst.
Ich bin ruhig und gelassen.

Erstell Dir nun deine eigene Affirmation! Wichtig ist, dass diese immer in der Gegenwartsform stattfindet.
Also statt »Ich werde glücklich« sagst du »Ich bin glücklich«.
Und, wie ich schon erwähnte, lass verneinende Wörter wie »nicht« und »kein« weg.
Statt »Er soll nicht fremdgehen« sagst du »Er ist treu«.

Im Kapitel »Beispiele für positive Affirmationen« findest du mehr hierzu. Vielleicht erkennst du dich in einigen Beispielen wieder. Dann notiere sie auf einem Blatt Papier und hänge sie an einem Ort auf, an dem du sie täglich sehen kannst. Sag sie dir immer wieder in Gedanken auf und fühl sie, bis sie fest verankert sind.

Abends:

Für welche drei Dinge, die du heute erlebt hast, bist du dankbar?

- ______________________________
- ______________________________
- ______________________________

Erschaffe dein Traumleben wieder mit der Visualisierungsübung.
Ich wünsche dir eine wunderschöne und erholsame Nacht!

Tag 26 – deine Affirmationen

Morgens:

Einen wundervollen guten Morgen!
Für welche weiteren fünf Punkte bist du dankbar?

-
-
-
-
-

Beobachte dich weiterhin im Alltag. Statt an das Problem zu denken, betrachte die Lösung vor dir, denn umso schneller löst sich dein Problem. Wiederhole heute regelmäßig deine Affirmation wie ein Mantra.

Abends:

Für welche drei Dinge, die du heute erlebt hast, bist du dankbar?

-
-
-

Führ nun wieder die Visualisierungsübung durch, damit dein Traumleben immer näher kommt.
Ich wünsche dir eine wunderschöne und erholsame Nacht!

Tag 27 – erster Schritt zu deinem Wunsch

Morgens:

Einen wundervollen guten Morgen!
Für welche weiteren fünf Punkte bist du dankbar?

-
-
-
-
-

Beobachte dich weiterhin im Alltag. Wenn du positiv denkst, ziehst du Positives an. Sag dir auch heute deine Affirmation wie ein Mantra auf.

Mittags:

Welchen kleinen Schritt kannst du heute schon unternehmen, um deinem Traumleben ein kleines Stück näher zu kommen? Führ ihn durch! Es ist sehr wichtig, dass du mental auf deinen Wunsch vorbereitet bist, um ihn anzuziehen, aber du musst natürlich auch dafür starten.

Abends:

Für welche drei Dinge, die du heute erlebt hast, bist du dankbar?

-

-

-

Wenn du magst, kannst du heute noch einen weiteren Wunsch zur Visualisierungsübung dazunehmen. Dein Traumleben ist schon in Sicht!

Ich habe noch einen Tipp für dich:

Falls du zu den Menschen gehörst, denen das positive Denken schwerfällt, versuch, dir immer zum Einschlafen eine geführte Meditation mit positiven Affirmationen anzuhören. Beim Einschlafen und im Schlaf ist dein Unterbewusstsein besonders empfänglich und wird damit nach und nach »umprogrammiert«. Du findest auf YouTube einige gute Meditationen mit positiven Affirmationen. Such dir eine passende aus. Alternativ zeichnest du deine eigenen Affirmationen auf und lässt sie immer wieder abspielen.
Probier es einfach aus!
Ich wünsche dir eine wunderschöne und erholsame Nacht!

Tag 28 – Erfolge in deinem Leben

Morgens:

Einen wundervollen guten Morgen!
Für welche weiteren fünf Punkte bist du dankbar?

-
-
-
-
-

Verbinde dich auch heute im Alltag mit deinen Wünschen und deiner Affirmation. Deine Wünsche sind schon auf dem Weg zu dir.

Mittags:

Auf welche drei Erfolge in deinem Leben bist du stolz?

-
-
-

Beispiele:

- Mein wundervolles Kind
- Meine gute Ausbildung
- Meinen tollen Job

Abends:

Für welche drei Dinge, die du heute erlebt hast, bist du dankbar?

- ---
- ---
- ---

Wiederhol nun die Visualisierungsübung, damit du bald die Erfüllung deiner Wünsche erleben kannst.
Ich wünsche dir eine wunderschöne und erholsame Nacht!

Tag 29 – Zweifel am Gesetz der Anziehung

Morgens:

Einen wundervollen guten Morgen!
Für welche weiteren fünf Punkte bist du dankbar?

-
-
-
-
-

Es gibt immer wieder Momente, in denen man am Gesetz der Anziehung zweifelt. Das habe ich selbst auch allzu oft erlebt. Dazu gibt es eine gute Übung, die mir immer weitergeholfen hat, wenn ich angefangen habe, alles infrage zu stellen. Übe mit den ganz kleinen Dingen, visualisiere z. B. die Situation, schnell einen freien Parkplatz zu bekommen, eine bestimmte Zahl zu sehen, einen blauen Stein oder eine Feder zu finden. Ich habe meistens die Feder gewählt. Dabei habe ich mir ganz intensiv vorgestellt, wie ich eine weiße Feder auf der Straße finde, sie aufhebe, mich daran erfreue, darüberstreiche, fühle, wie weich sie sich an meinen Fingern anfühlt, und sie mit nach Hause nehme. Ich war zu 100 Prozent davon überzeugt, dass diese Feder zu mir kommt. Es hat immer nur wenige Tage gedauert, bis ich sie gefunden habe. Vergiss aber nicht, dass du wirklich zu 100 Prozent davon überzeugt sein musst. Denn wenn eine kleine Stimme in deinem Kopf sagt: »Das klappt doch sowieso nicht!«, dann passiert genau das. Übe, übe und übe! Und vor allem: Vertraue! Und gib niemals auf. Betrachte dich als Schüler in der Ausbildung zum Schöpfer deines Lebens.

ERWARTE JEDEN TAG EIN WUNDER

Mittags:

Versuche heute einmal, an einer Person, die du nicht so sehr magst, positive Eigenschaften zu finden.

Name:

-
-
-
-
-
-
-
-
-

Abends:

Für welche drei Dinge, die du heute erlebt hast, bist du dankbar?

-
-
-

Tauch wieder in dein Traumleben ein.
Ich wünsche dir eine wunderschöne und erholsame Nacht!

Tag 30 – Glückskiste und Geschenk

Morgens:

Einen wundervollen guten Morgen!
Ich würde dir gern noch eine effektive Aufgabe mit auf den Weg geben. Kauf oder bastle dir eine kleine Kiste: deine Glückskiste! Jedes Mal, wenn du ein Erlebnis hattest, das dir gefallen und ein gutes Gefühl verschafft hat, schreib es auf einen Zettel und leg ihn in die Kiste.

Beispiele:

- Musical-Besuch
- Konzert
- Date
- Urlaub
- Ausflug

Somit ziehst du noch mehr schöne Erlebnisse in dein Leben. Schau dir die Zettel in der Kiste am Ende des Jahres an und erkenne, was du Tolles erlebt hast!

Heute möchte ich, dass du dir eine Belohnung gönnst. Wir sind jetzt am 30. Tag angelangt. Du hast viel geschafft. Deinem Traumleben wird nichts mehr im Weg stehen. Gönn dir heute etwas! Es muss nichts Teures sein, sondern einfach etwas, das dir Freude macht. Sei stolz auf dich! Ich möchte mich sehr herzlich bei dir dafür bedanken, dass du mein Coaching-Buch durchgearbeitet hast. Ich hoffe, dass du etwas für dich mitnehmen konntest und die Übungen weiterhin in deinem Alltag umsetzen kannst. Dann wirst du schon bald das Leben deiner Träume führen! Du kannst mir gern über meine Seite www.anjawalz.com eine Nachricht mit dem Betreff »Geschenk« und deiner Adresse senden. Die ersten 100 Interessenten erhalten von mir per Post:

- eine grüne Karte (positive Karte). Sie wird dich täglich daran erinnern, wie du deine Schwingung positiv hältst. Am besten trägst du sie stets bei dir.

- ein kleines Säckchen mit einem Dankbarkeitsstein. Trag ihn ebenfalls immer bei dir. Und wenn du ihn in deine Hand nimmst, denk an all die Dinge, für die du an diesem Tag und auch allgemein in deinem Leben dankbar bist.

Wenn du nicht zu den ersten 100 Interessenten gehörst, ist das kein Problem. Dann kannst du die grüne Karte (positive Karte) kostenlos herunterladen unter www.anjawalz.com. Du kannst dir zudem selbst einen Stein suchen, den du als Dankbarkeitsstein verwendest.

Arbeite jeden Tag mit der grünen (positiven) Karte und dem Dankbarkeitsstein. Damit besitzt du alle nötigen Werkzeuge, um dir dein Traumleben zu erschaffen!

BEZIEHUNGEN

Beziehungen verbessern

Wenn du deine Beziehungen zu anderen Menschen mit dem Gesetz der Anziehung verbessern möchtest, gebe ich dir hiermit einen Einblick.

Bei Streit:

Wenn du mit einem Menschen Streit hast, stell dir vor, wie ihr euch versöhnt habt und euch gegenseitig wertschätzt. Sieh es genau vor deinem inneren Auge und fühle, wie dankbar du dafür bist, dass der Streit nun der Vergangenheit angehört. Konzentriere dich auf die Dinge, die du an der Person schätzt und die ihr gemeinsam habt. Somit ziehst du noch mehr davon an.

Beziehungsprobleme:

Wenn deine Beziehung momentan nicht mehr so gut läuft, visualisiere, wie ihr wieder glücklich miteinander seid und wie ihr zusammen etwas Tolles unternehmt und z. B. bei eurem Lieblingsitaliener essen geht. Fühl, wie glücklich dich das macht. Konzentriere dich auf das, was du an deinem Partner schätzt und liebst und was ihr gemeinsam habt. Dann wird noch mehr davon in dein Leben gelangen.

Negativ über andere sprechen:

Wenn du über jemanden schlecht sprichst, erzeugt das eine negative Energie und du ziehst noch mehr davon an. Dann wird auch jemand über dich schlecht reden. Dass man nicht jeden Menschen auf der Welt mögen kann, ist menschlich. Versuch jedoch, weniger schlecht über andere zu reden, und such stattdessen auch bei jemandem, den du nicht so magst, nach etwas Positivem bzw. nach Gemeinsamkeiten. Auf diese Weise ziehst du noch mehr davon an.

Probier es einfach aus:

Sag über niemanden etwas Schlechtes, sondern konzentriere dich auf die positiven Seiten deiner Mitmenschen. Sei hilfsbereit und freundlich, dann bekommst du das zurück. Um deine Beziehungen zu anderen Menschen langfristig zu verbessern, musst du natürlich täglich damit arbeiten und es auch wirklich wollen.

»Ihr schreibt das Drehbuch Eures Lebens,
durch Eure Schwingung,
und alle anderen
im Universum spielen die Rollen,
die Ihr ihnen zugedacht habt.«[6]

(Esther Hicks, Medium Abraham)

Wenn du dich speziell dafür interessierst, wie du deine Beziehungen verbessern kannst und was das Ganze mit dir zu tun hat, empfehle ich dir, dich über das Spiegelgesetz zu informieren:

1. Alles, was dich an einem anderen stört, trägst du selbst in dir. Dieser andere spiegelt dich lediglich, und du musst herausfinden, was das mit dir zu tun hat und dich an dir stört. Wir sehen in anderen das, was wir selbst in uns tragen.

2. Verletzt es dich, wenn dich ein anderer kritisiert, hast du diesen Aspekt in dir noch nicht gelöst. Wenn jemand anderes etwas an dir kritisiert und dich das beschäftigt, spiegelt er dich und es gibt noch etwas, das in dir gelöst werden will.

3. Wenn ein anderer dich kritisiert und es dir egal ist, handelt es sich um sein eigenes Bild von sich selbst, das er auf dich projiziert. An dir gibt es somit nichts, das geändert werden muss.

4. Alles, was du an anderen liebst, hast du selbst in dir und liebst es in anderen.[7]

Ob wir positiv oder negativ eingestellt sind, hängt auch von den Menschen in unserer Umgebung ab. Hast du ständig mit Menschen zu tun, die sich häufig beklagen und ihre Unzufriedenheit äußern, übernimmst du automatisch deren Einstellung zum Leben. Wenn du fröhliche und zufriedene Menschen um dich hast, macht dich das glücklicher.
Überwiegen in deiner Umgebung die positiven oder eher die negativen Menschen?

»Ein starker Gedanke oder ein lang genug gehegter Gedanke
macht uns zum Zentrum der Attraktivität
für die entsprechenden Gedankenwellen anderer.
In der Gedankenwelt zieht Gleiches Gleiches an
- was ihr säet, das werdet ihr ernten.
Die Männer und Frauen, die mit Liebe erfüllt sind,
sehen überall Liebe und ziehen die Liebe anderer an.
Der Mensch mit Hass in seinem Herzen
bekommt all den Hass, den er ertragen kann.
Der streitsüchtige Typ muss sich erst einmal
durch alle möglichen Streitereien kämpfen,
bevor er sein Ziel erreicht.
Und so geht es weiter und weiter.
Jeder bekommt das, was er über die Telegrafie
des Bewusstseins einfordert.«[8]

(William Walker Atkinson, 1862–1932)

ZUSAMMENFASSUNG UND VERSCHIEDENE METHODEN

Zusammenfassung

In diesem Buch hast du alles gelernt, was notwendig ist, um dir deine Wünsche erfolgreich zu erfüllen:

- Ziele/Wünsche klar definieren
- Freude und Dankbarkeit
- Glauben
- Visualisieren/Erschaffen
- Losgehen
- Wertschätzung von sich selbst und anderen
- Positive statt negative Gedanken
- Negative Glaubenssätze transformieren
- Positive Affirmationen nutzen

Wenn du all dies täglich in dein Leben integrierst, wirst du bald dein Wunschleben anziehen! Übe anfangs mit kleinen Wünschen, z. B. mit der Feder. Damit machst du dich erst einmal mit dem Gesetz der Anziehung vertraut. Wenn du siehst, dass sich deine kleinen Wünsche erfüllen, erlangst du immer mehr Vertrauen, sodass bald auch deine großen Wünsche in Erfüllung gehen.

Ein kleiner Tipp: In diesen 30 Tagen lag deine Schwingung durch die Übungen hauptsächlich in positiver Energie. Wenn du dies beibehältst, ziehst du automatisch immer mehr Positives in dein Leben. Dabei helfen dir auch die grüne (positive) Karte und der Dankbarkeitsstein.

»Wir sind, was wir denken.
Alles, was wir sind, entsteht aus unseren Gedanken.
Mit unseren Gedanken formen wir die Welt.«[1]

(Buddha)

Buchempfehlungen:

The Secret
(Rhonda Byrne und Karl Friedrich Hörner, Verlag: Arkana, ISBN: 978-1-58270-170-7)

Wie The Secret mein Leben veränderte
(Rhonda Byrne und Jochen Lehner, Verlag: Arkana, ISBN: 978-3-442-34218-1)

Ein neuer Anfang
(Esther Hicks und Jerry Hicks, Verlag: Heyne, ISBN: 978-1-58270-170-79)

Das Kind in dir muss Heimat finden
(Stefanie Stahl, Verlag: Kailash, ISBN: 978-3-424-63107-4)

Das Café am Rande der Welt
(John Strelecky, Verlag: dtv, ISBN: 978-3-423-25357-4)

Filmempfehlungen:

The Secret
(Rhonda Byrne)

Der Film deines Lebens
(Sebastian Goder)

The Secret – Traue dich zu träumen
(Andy Tennant)

App:

Das Geheimnis Täglichen Lehren

Meditation:

Manifestiere Wunder, während du schläfst | ChakraTunes | YouTube

Visualisierungsübung

Die wichtigste Übung des Buches für jeden Abend:

Für diese Übung legst du dich am besten in dein Bett. Du kannst sie aber auch sitzend in einer bequemen Lage durchführen. Mach es so, dass du dich dabei am wohlsten fühlst. Nun schließ deine Augen und achte erst einmal nur auf deinen Atem. Wenn Gedanken kommen, lass sie weiterziehen. Dies machst du so lange, bis du ganz ruhig und entspannt bist. Nun tauch in dein Paralleluniversum ein.
In deinem Paralleluniversum haben sich all deine Herzenswünsche bereits erfüllt.

- Was siehst du?
- Wo bist du?
- Was tust du?
- Wie fühlst du dich?
- Wer ist bei dir?

Bezieh all deine Sinne mit ein. Das Glauben und Fühlen sind die wichtigsten Aspekte beim Visualisieren.

Fühl es richtig, wie glücklich und dankbar du bist, weil dein Wunsch in Erfüllung gegangen ist.
Wenn du beim Visualisieren ein Lächeln im Gesicht hast, strahlende Augen bekommst oder dir warm ums Herz wird, weißt du, dass du alles richtig machst! Am Anfang mag das alles noch sehr schwierig erscheinen. Aber wenn du das jeden Abend übst, klappt es immer besser. Vertrau mir. Dein Wunsch hat sich bereits erfüllt, als du ihn vor dir gesehen hast, auch wenn er in deinem Leben momentan noch unsichtbar ist. Glaub ganz fest daran! Dann gelangt er aus dem Paralleluniversum in den sichtbaren Bereich, in dein Leben.

Beispiel Traumpartner:

Ich lege mich ins Bett, schließe meine Augen und stelle mir Folgendes vor:

Ich liege im Bett, im Arm meines Traumpartners, in unserer gemeinsamen Wohnung in Hamburg. Wir hatten kurz zuvor großartigen Sex. Er hat mir gesagt, wie sehr er mich liebt, und ich habe es voller Liebe erwidert. Er fragt mich, wie mein Tag war. Ich erzähle es ihm und er berichtet mir von seinem Tag. Wir planen unser Wochenende und überlegen, was wir erleben könnten: Freizeitpark, Kino, essen gehen, ins Schwimmbad gehen oder mit Freunden einen Spieleabend veranstalten. Wir reden über unseren nächsten Urlaub und darüber, welche Länder und Städte wir gern noch bereisen würden, z. B. Dubai, Singapur oder Las Vegas. Mein Bauch kribbelt voller Vorfreude. Ich bin unendlich dankbar dafür, endlich den richtigen Partner gefunden zu haben.

Wenn du visualisierst und fest daran glaubst, wird das Universum alles dafür tun, dass dein Wunsch in Erfüllung geht.

Sollte es dir sehr schwerfallen, dir die Präsenz deines Traumpartners vorzustellen, dann stell dir vor, er ist auf einer Geschäftsreise. Das klappt auch sehr gut. Fühl, dass es ihn gibt, stell dir vor, wie ihr euch eine Gute-Nacht-Nachricht schickt. Überleg dir, was ihr zusammen unternehmen könnt, wenn er zurück ist, was du ihm von deinem heutigen Tag erzählen möchtest und plane ihn in deine zukünftigen Unternehmungen mit ein.

Visualisierungsübung für den Alltag

Es spielt keine Rolle, ob du auf der Arbeit, beim Einkaufen, auf einer Familienfeier oder im Fitnessstudio bist! Diese Übung kannst du auch durchführen, wenn du irgendwo warten musst, z. B. im Stau oder in einem Wartezimmer beim Arzt. So kannst du diese Zeit sogar richtig sinnvoll nutzen.
Tu so, als hättest du alles Gewünschte schon erreicht, und sei unendlich dankbar dafür!

Beispiel Traumpartner:

Als ich von der Arbeit heimgefahren bin, habe ich mir vorgestellt, dass mein Mann schon zu Hause auf mich und unsere Kinder wartet und Spaghetti Bolognese kocht. Ich habe mir ausgemalt, dass wir zusammen einen schönen Abend geplant haben, an dem wir erst alle zusammen zu Abend essen und, wenn die Kinder schlafen, uns den Film »Wie ein einziger Tag« anschauen und wie dieses Glück und die Dankbarkeit durch meinen Körper strömen.

Weitere Beispiele:

- Wenn du Auto fährst, stell dir vor, du seist auf dem Weg zu ihm.
- Wenn du einkaufen bist, frage dich, was ihr zusammen Schönes kochen könntet.
- Wenn du auf einem Familienfest bist, stell dir vor, er komme jeden Moment zur Tür herein.
- Wenn du eine Einladung zu einer Hochzeit erhältst, sieh vor deinem inneren Auge, wie er dich begleitet.
- Wenn du mit Freunden unterwegs bist, stell dir vor, wie du ihn das nächste Mal mitnehmen würdest.

Mentale Hilfsmittel zum Visualisieren

Traumpartner:

Kaufe für ihn eine Zahnbürste. Räume ein Regal für ihn in deinem Schrank frei. Lege Bettwäsche für ihn in deinem Bett bereit. Decke den Tisch für ihn mit. Kauf dir ein schönes Outfit für euer erstes Date. Plane Unternehmungen/Reisen, die du mit ihm gern machen würdest.

Geld:

Ändere deinen Kontoauszug, z. B. mit einem Korrekturroller, in deinen Wunschbetrag und häng ihn dorthin, wo du ihn immer sehen kannst. Erstell eine Liste, die aufzeigt, was du alles kaufen möchtest, wenn dein gewünschtes Geld da ist. Wenn du eine Rechnung erhältst, sei nicht mehr verärgert darüber, sondern stell dir vor, wie du sie mit Leichtigkeit bezahlen kannst. Zerreiß gedanklich deinen beglichenen Kreditvertrag. Erwarte, dass du Geld findest oder von einer bestimmten Person geschenkt bekommst.

Wohnung:

Entrümpele deine jetzige Wohnung, um dir das Packen zu erleichtern. Beginn schon damit, Deko für deine neue Wohnung zu kaufen. Geh in Möbelhäuser und such nach Möbeln, die du gern in deiner neuen Wohnung haben möchtest. Such bereits jetzt Farben und Tapeten für die neuen Zimmer aus. Besichtige Wohnungen, die dir gefallen, und richte sie schon einmal gedanklich ein.

Abnehmen:

Stell dir vor, du stehst vor dem Spiegel und hast deine Traumfigur. Wie siehst du aus? Wie fühlst du dich? Stell dir vor, andere machen dir Komplimente wegen deiner neuen Figur.

Selbstliebe:

Schau mit so viel Mitgefühl auf dich, wie du aufbringen kannst. Was liebst du an dir? Verbinde dich mit deinem Herzen, zähl alles Positive an dir auf und lass diese Liebe und Wärme in deinen ganzen Körper ausstrahlen. Geh täglich liebevoll mit dir um. Verbanne deinen inneren Kritiker.

Dein Traumleben beginnt heute: Dein erster kleiner Schritt!

Traumpartner:

Nimm unvorhergesehene Einladungen zu Partys, Geburtstagen etc. an. Es gibt keinen Zufall. Unternehme mehr allein, so lernst du am schnellsten neue Leute kennen. Verreise allein und besuche auch Veranstaltungen allein.

Geld:

Spiel Lotto und erwarte kleinere Gewinnbeträge. So kannst du schon einmal für die großen Beträge üben. Kündige unnötige Abos. Führe ein Haushaltsbuch, lege jede Woche dein Kleingeld auf die Seite und befasse dich mit Spartipps.

Wohnung:

Schau öfter die Wohnungsanzeigen durch. Erzähl Freunden, dass du eine neue Wohnung suchst. Erstell Suchzettel und hänge sie aus und gib eine Suchanzeige in der Zeitung auf.

Abnehmen:

Ernähre dich bewusster. Verzichte auf Süßigkeiten. Führe einen Fastentag in der Woche ein. Bewege dich mehr und benutze den Aufzug statt der Treppe.

Selbstliebe:

Nimm dir Zeit für dich. Geh zur Massage. Nimm ein heißes Bad. Schreib deine Erfolge auf und notiere deine Stärken. Führe ein Journal.

»Wenn du nicht im Einklang
mit dem Gesetz bist,
herrscht ein Mangel in deinem Leben.
Aber das ist nur die von dir
so erschaffene Erfahrung.
Da das Universum unaufhörlich gibt,
musst du lernen,
dich darauf einzustellen,
um im Einklang damit zu sein.
Und so geht die perfekte Melodie:
gute Gedanken, gute Worte
und gute Taten.«[2]

(Aus der App: Das Geheimnis Täglichen Lehren)

GLAUBENSSÄTZE UND AFFIRMATIONEN

Beispiele für negative Glaubenssätze

- Ich genüge nicht.
- Ich bin nicht gut genug.
- Ich muss immer lieb sein.
- Ich darf mich nicht wehren.
- Ich kann nichts.
- Ich bin nicht gewollt.
- Alle anderen sind wichtiger als ich.
- Ich bin hilflos.
- Ich bin böse.
- Ich bin schwach.
- Ich bin schuld.
- Ich kann niemandem vertrauen.
- Man muss hart arbeiten für Geld.
- Ich bin nicht liebenswert.
- Ich mache immer alles falsch.
- Die anderen können das besser.
- Ich bin es nicht wert.
- Ich schaffe das ohnehin nicht.
- Ich bin zu dick.
- Ich bin hässlich.
- Ich darf nicht glücklich sein.
- Ich bin zu dumm dafür.
- Ich bin beziehungsunfähig.
- Ich bin zu alt.
- Das wird nie funktionieren.
- Geld fällt nicht vom Himmel.
- Ich bin einsam.
- Heute ist nicht mein Tag.
- Ich habe immer Pech.
- Ich bin ein Versager.
- Ich bin einsam.

- Alle Männer sind untreu.
- Frauen wollen nur reiche Männer.
- Ich habe es nicht verdient, glücklich zu sein.
- Ich bin zu schüchtern.
- Die Welt ist ungerecht.
- Warum immer ich?
- Das werde ich nie lernen.
- Aus mir wird sowieso nichts.
- Ich bin ein Außenseiter.
- Ohne Fleiß kein Preis.
- Niemand mag mich.
- Erst die Arbeit, dann das Vergnügen.
- Eigenlob stinkt.
- Im Leben bekommt man nichts geschenkt.
- Beziehungen sind schwierig.
- Der Apfel fällt nicht weit vom Stamm.
- Geld macht arrogant.
- Ich bin ein Nichtsnutz.
- Ich nehme schnell zu.
- Man kann niemandem trauen.
- Männer weinen nicht.
- Ich habe keine Kraft.
- Das Leben ist ein Kampf.
- Die Welt ist kein sicherer Ort.
- Es hat sowieso keinen Zweck.
- Mit mir stimmt etwas nicht.
- Ich werde nie gesund.
- Geld macht unglücklich.
- Ich nehme nie ab.
- Ich bin ein Angsthase.
- Ich bin machtlos.
- Ich bin zu kompliziert.
- Ich bin nur im Weg.
- Ich darf keine Fehler machen.
- Ich gewinne nie.
- Ein Indianer kennt keinen Schmerz.

- Ich gehöre nicht dazu.
- Ich habe zwei linke Hände.
- Ich kann nicht »Nein« sagen.
- Ich verdiene keine Liebe.
- Niemand liebt mich.

Beispiele für positive Affirmationen

- Alles ist gut.
- Ich kann das.
- Ich bin der Schöpfer meines Lebens.
- Ich genüge.
- Ich bin liebenswert.
- Ich liebe mich selbst.
- Ich bin erfolgreich.
- Ich ziehe Fülle und Wohlstand an.
- Ich bin glücklich.
- Ich bin wertvoll.
- Ich bin zufrieden.
- Ich bin gesund.
- Ich liebe und akzeptiere mich, so wie ich bin.
- Ich bin selbstbewusst.
- Ich bin geliebt.
- Ich bin glücklich vergeben.
- Meine Arbeit erfüllt mich voll und ganz.
- Ich verdiene 300 Euro mehr im Monat.
- Ich habe ein langes, gesundes und glückliches Leben.
- Heute ist ein schöner Tag.
- Ich lebe in einer liebevollen und ehrlichen Beziehung.
- Ich bin ruhig und gelassen.
- Ich bin sprühendes Leben.
- Ich bin stark.
- Ich bin in Sicherheit.
- Ich bin strahlende Lebenskraft.
- Ich verdiene nur das Beste und öffne mich jetzt dafür.
- Ich gehe sorgfältig mit Geld um.
- Ich bin erfolgreich.
- Ich wähle nur Gedanken der Liebe und Freude.
- Ich bin voller neuer Kraft.

- Geld ist mein Freund.
- Ich liebe mein Leben.
- Ich lasse die Vergangenheit los.
- Ich liebe meinen Körper.
- Ich bin vollkommen.
- Von Tag zu Tag gelingt es mir immer besser, meine Bedürfnisse wahrzunehmen und für mich zu sorgen.
- Meine innere Weisheit führt mich und verschafft mir ein wunderbares Leben.
- Mein Gewicht pendelt sich mit der Zeit auf einem Niveau ein, das gut und richtig für mich ist.
- Mein Herz zeigt mir immer den nächsten Schritt.
- Das Universum gibt mir volle Unterstützung.
- Ich erkenne klar, was ich wirklich brauche und will.
- Ich gebe und empfange Liebe.
- Ich bin bereit zu vergeben.
- Ich lenke meine Aufmerksamkeit auf das Gute.
- Ich fühle mich sicher und geborgen.
- Ich bin wertvoll.
- Ich finde mich schön.
- Ich bin gut, so wie ich bin.
- Ich achte auf mich.
- Ich ziehe Geld an.
- Ich bin attraktiv.
- Alle meine Beziehungen sind harmonisch.
- Ich bin voller Kreativität und neuer Ideen.
- Alles, was ich mache, erfüllt mich.
- Ich bin mit mir selbst im Reinen.
- Ich bin stolz auf mich.
- Ich bin da, wo ich sein will.
- Ich akzeptiere mich so, wie ich bin.
- Glücklich zu sein, ist mein Geburtsrecht.
- Ich habe Liebe verdient und empfange Liebe im Überfluss.
- Ich bin ein Geldmagnet und ziehe Geld ganz einfach an.
- Ich glaube an mich und meine Fähigkeiten.
- Ich vertraue meiner Intuition.

- Ich bin die Quelle meiner Lebensfreude.
- Ich ziehe alles Positive an.
- Ich nehme mir Zeit für mich selbst.
- Ich trage das Lebensglück in mir.
- Ich verfolge meine Ziele.
- Ich bin es mir wert, in jedem Moment glücklich zu sein.

BONUS

Bonustage

Ich empfehle dir, die Bonustage nach den 30 Coaching-Tagen anzugehen. Am besten machst du dies zusammen mit dem Dankbarkeitsstein und deiner grünen (positiven) Karte, die du von mir erhalten kannst, wenn du möchtest (siehe Kapitel »Glückskiste und Geschenk«). Manche Übungen wiederholen sich mit der grünen (positiven) Karte, da sie besonders wichtig sind.

Tag 1
Einen wundervollen guten Morgen!
Achte auf deine Gefühle. Wenn du dich gut fühlst, bist du im Einklang mit dem, was du dir wünschst. Wenn du dich schlecht fühlst, erschaffst du etwas, das du nicht willst. Wende deine Aufmerksamkeit auf das, was du möchtest.
Ich wünsche dir einen wunderschönen Tag!

Tag 2
Einen wundervollen guten Morgen!
Sag heute jedes Mal, wenn du an einem Spiegel vorbeigehst, zu deinem Spiegelbild: »Ich liebe mich selbst.« Das stärkt auf Dauer dein Selbstbewusstsein.
Ich wünsche dir einen wunderschönen Tag!

Tag 3
Einen wundervollen guten Morgen!
Wo ist dein Lieblingsplatz, an dem du dich am liebsten aufhältst, um wieder Kraft zu tanken? Wenn möglich, halte dich heute dort auf. Jeder Mensch sollte so einen Ort für sich haben.
Ich wünsche dir einen wunderschönen Tag!

Tag 4
Einen wundervollen guten Morgen!
Überleg dir heute einmal, welche Menschen dir richtig guttun.

Umgib dich mit Menschen, die gut für dich sind!
Ich wünsche dir einen wunderschönen Tag!

Tag 5
Einen wundervollen guten Morgen!
Sag oder schreib heute den Menschen, die dir sehr wichtig sind, wie lieb du sie hast. Glaub mir, das tut dir gut und deinem Gegenüber ebenso.
Ich wünsche dir einen wunderschönen Tag!

Tag 6
Einen wundervollen guten Morgen!
Geh heute achtsam durch den Tag und achte auf all die Dinge, für die du dankbar bist.
Beispiele:

- Dass es dir heute gut geht
- Deine Arbeitsstelle
- Dein Auto
- Das Wetter
- Dein Mittagessen
- Die warme Dusche
- Dein gemütliches Bett

Ich wünsche dir einen wunderschönen Tag!

Tag 7
Einen wundervollen guten Morgen!
Geh heute besonders liebevoll mit dir um. Verurteile dich nicht, sondern akzeptiere dich genau so, wie du bist. Denk an all deine Erfolge, die du schon in deinem Leben erreicht hast. Und ich bin sicher, da gab es einige!
Ich wünsche dir einen wunderschönen Tag!

Tag 8
Einen wundervollen guten Morgen!
Nimm heute bewusst die Menschen in deiner Umgebung wahr. Wenn du mit jemandem sprichst, hör genau zu, schau die Person an und nimm Dinge an der Person wahr, die dir vorher noch nie aufgefallen sind.

Schenk deinem Gegenüber deine volle Aufmerksamkeit. Dann bist du genau im Hier und Jetzt.
Ich wünsche dir einen wunderschönen Tag!

Tag 9
Einen wundervollen guten Morgen!
Dein höheres Selbst ist immer bei dir, auch wenn dir das vielleicht gar nicht bewusst ist. Nimm es heute ganz konkret wahr. Lausche in dich hinein. Wenn du ein Problem hast, darfst du auch gern um eine Lösung bitten. Vertrau darauf, dass du eine Antwort erhältst. Die Antwort zeigt sich, z. B. durch einen plötzlichen gedanklichen Einfall oder indem du zufällig etwas liest, das dich weiterbringt.
Ich wünsche dir einen wunderschönen Tag!

Tag 10
Einen wundervollen guten Morgen!
Schließ deine Augen. Stell dir vor, all deine Wünsche haben sich genau jetzt im Moment erfüllt. Was siehst du? Was fühlst du? Was tust du?
Ich wünsche dir einen wunderschönen Tag!

Tag 11
Einen wundervollen guten Morgen!
Versuch heute, wenn negative Gedanken aufkommen, dir ein Stoppschild vor deinem inneren Auge vorzustellen, das diese Gedanken abwehrt. Denk stattdessen an etwas, das dich glücklich macht.
Ich wünsche dir einen wunderschönen Tag!

Tag 12
Einen wundervollen guten Morgen!
Wenn du heute in Stress gerätst, halte in dieser Situation einige Sekunden inne, schließ deine Augen und achte dabei nur auf deinen Atem. Dabei sag dir selbst: »Ich bin ruhig und gelassen.« Damit löst sich der Stress von selbst.
Ich wünsche dir einen wunderschönen Tag!

Tag 13

Einen wundervollen guten Morgen!

Geh heute achtsam durch deinen Tag. Versuch, in verschiedenen Situationen kurz innezuhalten und deine Sinne zu beobachten. Was siehst du im Moment? Was hörst du im Moment? Wie fühlt es sich dort an, wo du sitzt oder stehst? Riechst du etwas? Schmeckst du etwas? Mit dieser Übung bist du genau im Jetzt.

Ich wünsche dir einen wunderschönen Tag!

Tag 14

Einen wundervollen guten Morgen!

Geh heute mit dem folgenden Gedanken im Hinterkopf durch deinen Tag: »Alles ist gut.« So konzentriert sich dein Unterbewusstsein auf das Positive.

Ich wünsche dir einen wunderschönen Tag!

Tag 15

Einen wundervollen guten Morgen!

Nimm heute im Laufe des Tages einige Male bewusst deinen Körper wahr. Beginn bei deinen Zehen, geh über deine Waden, Knie, Oberschenkel und den Bauch, immer weiter bis zum Kopf. Wenn du möchtest, kannst du dir auch vorstellen, wie ein helles Licht dabei durch deinen Körper strömt und jede Zelle deines Körpers heilt und erneuert.

Ich wünsche dir einen wunderschönen Tag!

Tag 16

Einen wundervollen guten Morgen!

Versuch heute an einer Person, mit der du zuletzt Streit hattest, drei positive Aspekte und drei Gemeinsamkeiten zu finden. Wenn du dich auf das Positive konzentrierst, ziehst du noch mehr davon in dein Leben.

Ich wünsche dir einen wunderschönen Tag!

Tag 17

Einen wundervollen guten Morgen!

Beobachte heute einmal genau deine Gedanken. Immer wenn du an ein Problem denkst, lenk deine Aufmerksamkeit auf die Lösung deines Pro-

blems. Fühl es, als wäre alles genauso, wie du es dir wünschst.
Beispiel:
Ich hatte einen heftigen Streit mit einer guten Freundin. Statt mir den Kopf darüber zu zerbrechen, habe ich nur daran gedacht, wie wir beide wieder in voller Harmonie sind und uns gegenseitig wertschätzen und etwas Tolles unternehmen. Genauso kam es.
Ich wünsche dir einen wunderschönen Tag!

Tag 18
Einen wundervollen guten Morgen!
Hör dir heute dein Lieblingslied an und mach in diesen Minuten nichts anderes. Schließ dazu am besten deine Augen. Das wirkt wie eine Meditation und entspannt dich.
Ich wünsche dir einen wunderschönen Tag!

Tag 19
Einen wundervollen guten Morgen!
Versuch heute im Laufe des Tages, immer mal wieder deinen Verstand zur Ruhe zu bringen. Schließ dazu einfach für ein bis zwei Minuten deine Augen und achte nur auf deinen Atem.
Ich wünsche dir einen wunderschönen Tag!

Tag 20
Einen wundervollen guten Morgen!
Überleg dir, was dich – genau jetzt in diesem Moment – glücklich machen würde. Dann visualisiere es und fühl dich so, als hättest du es gerade erhalten.
Ich wünsche dir einen wunderschönen Tag!

Tag 21
Einen wundervollen guten Morgen!
Jeder Mensch hat individuelle Talente. Was kannst du besonders gut? Denk den ganzen Tag darüber nach.

Beispiele:
Ich kann gut organisieren, Lösungen finden und schreiben.
Ich wünsche dir einen wunderschönen Tag!

Tag 22
Einen wundervollen guten Morgen!
Wenn es dir seelisch nicht gut geht, dann denke immer daran: »Nach jedem Tief kommt ein Hoch« sowie »Nach Ebbe kommt Flut«.
Ich wünsche dir einen wunderschönen Tag!

Tag 23
Einen wundervollen guten Morgen!
Versuch, jeden Abend vor dem Einschlafen den Tag Revue passieren zu lassen, und zähl alles auf, wofür du an diesem Tag dankbar bist. Dankbarkeit zieht noch mehr Dinge in dein Leben, für die du dankbar sein kannst.
Ich wünsche dir einen wunderschönen Tag!

Tag 24
Einen wundervollen guten Morgen!
Versuch heute, achtsam durch deinen Tag zu gehen, egal, was du machst oder wohin du gehst.
Beispiel:
Wenn ich unter der Dusche stehe, nehme ich genau wahr, wie das Wasser über meinen Kopf prasselt, ohne dass ich mit meinen Gedanken schon wieder beim Bügeln bin.
Ich wünsche dir einen wunderschönen Tag!

Tag 25
Einen wundervollen guten Morgen!
Geh heute mit den Gedanken durch den Tag, dass du etwas Tolles erwartest, dass dir etwas Schönes widerfahren wird. Erwarte Wunder! Denn dann geschehen sie auch.
Ich wünsche dir einen wunderschönen Tag!

Tag 26

Einen wundervollen guten Morgen!

Achte heute immer mal wieder auf deinen Atem. Atme neue Kraft und Wohlbefinden ein und alles Belastende aus.

Ich wünsche dir einen wunderschönen Tag!

Tag 27

Einen wundervollen guten Morgen!

Wie du weißt, ist dein höheres Selbst immer bei dir. Führe heute immer mal wieder einen inneren Dialog mit deinem höheren Selbst, wie mit deinem besten Freund. Damit stärkst du euren Kontakt.

Ich wünsche dir einen wunderschönen Tag!

Tag 28

Einen wundervollen guten Morgen!

Wenn negative Gedanken in dir aufkommen, dann stell dir vor, du befindest dich in einer hellen Schutzkugel, die all deine schädlichen Gedanken abwehrt. Denk stattdessen an etwas, das dich glücklich macht.

Ich wünsche dir einen wunderschönen Tag!

Tag 29

Einen wundervollen guten Morgen!

Versuch heute, über niemanden schlecht zu reden. Denn wenn du über jemanden schlecht sprichst, erzeugt das eine negative Energie und du ziehst noch mehr Negatives an.

Ich wünsche dir einen wunderschönen Tag!

Tag 30

Einen wundervollen guten Morgen!

Nimm heute einmal die Umgebung genau wahr, in der du dich am häufigsten befindest, egal ob zu Hause, bei der Arbeit oder auch draußen. Betrachte alles ganz genau. Du nimmst bestimmt Dinge wahr, die dir sonst nicht auffallen würden.

Ich wünsche dir einen wunderschönen Tag!

Tag 31
Einen wundervollen guten Morgen!
Auf welche geplanten Ereignisse freust du dich am meisten? Denk den ganzen Tag darüber nach.
Beispiele:

- Sommerurlaub
- Konzerte
- Treffen mit Freunden

Ich wünsche dir einen wunderschönen Tag!

Tag 32
Einen wundervollen guten Morgen!
Tritt heute innerlich einen Schritt zurück und sei dein innerer Beobachter. Beobachte deine Gedanken, Gefühle, Reaktionen und Handlungen. Egal was in dir aufkommt, bewerte es nicht, sondern beobachte nur.
Ich wünsche dir einen wunderschönen Tag!

Tag 33
Einen wundervollen guten Morgen!
Was genau tust du nur für dich? Es ist wichtig, dass du auch Dinge für dich tust. Das hat überhaupt nichts mit Egoismus zu tun. Überlege, was du heute für dich tun kannst.
Beispiele:
Ich gönne mir immer mal wieder eine Massage, gehe in die Natur, hole mir mein Lieblingsessen vom Chinesen oder schenke mir einfach so Blumen.
Ich wünsche dir einen wunderschönen Tag!

Tag 34
Einen wundervollen guten Morgen!
Wenn in deinem Leben nur Chaos herrscht, liegt das daran, dass du unkontrolliert denkst und dich nicht bewusst entscheidest, worauf du deine Aufmerksamkeit richtest. Denk heute über diesen Satz nach.
Ich wünsche dir einen wunderschönen Tag!

Tag 35

Einen wundervollen guten Morgen!

Versuch heute im Laufe des Tages, immer mal wieder vollkommen gegenwärtig zu sein, um deine Gedanken abzuschalten. Das klappt am besten, wenn du dich ganz bewusst auf Dinge in deiner Umgebung konzentrierst und sie genau betrachtest.

Ich wünsche dir einen wunderschönen Tag!

Tag 36

Einen wundervollen guten Morgen!

Stell dir vor, über dir befindet sich eine Sonne oder ein helles Licht, das dich den ganzen Tag begleitet. Immer wenn du an etwas Negatives denkst, schick diese Gedanken in das Licht, damit sie sich auflösen. Denk stattdessen an etwas, das dich glücklich macht.

Ich wünsche dir einen wunderschönen Tag!

Tag 37

Einen wundervollen guten Morgen!

Versuch heute einmal, dich nicht zu beklagen und dich nicht über etwas oder jemanden aufzuregen. Denn sonst ziehst du noch mehr davon in dein Leben.

Ich wünsche dir einen wunderschönen Tag!

Tag 38

Einen wundervollen guten Morgen!

Was würdest du deinem jüngeren Ich mit deinem heutigen Wissen raten? Vergiss nie, auch wenn du die Vergangenheit nicht mehr ändern kannst: Du bist der Schöpfer deiner Zukunft!

Ich wünsche dir einen wunderschönen Tag!

Tag 39

Einen wundervollen guten Morgen!

Was sind deine drei Ziele, die du in deinem Leben unbedingt erreichen möchtest?

Beispiele:

- Kinder haben
- Heiraten
- Karriere machen
- Weltreise
- Buch schreiben und veröffentlichen

Ich wünsche dir einen wunderschönen Tag!

Tag 40

Einen wundervollen guten Morgen!

Heute versuchen wir es mit Meditation. Lege oder setz dich dazu in dein Bett oder auf dein Sofa und schließ deine Augen. Lausche für 15 Minuten nur deinem Atem. Mach nichts anderes. Lass deine Gedanken kommen und gehen.

Ich wünsche dir einen wunderschönen Tag!

Tag 41

Einen wundervollen guten Morgen!

Wenn du nicht genau weißt, was du vom Leben möchtest oder wohin dein Weg dich führen soll, dann frag dein höheres Selbst nach dem richtigen Weg. Es wird dir den Weg weisen. Führe einfach einen inneren Dialog und bitte dein höheres Selbst um Hilfe. Dann vertrau darauf, dass es dir den richtigen Weg weist.

Ich wünsche dir einen wunderschönen Tag!

Tag 42

Einen wundervollen guten Morgen!

Denk heute einmal darüber nach, wie viele belastende Zeiten du schon überstanden hast; Lebensphasen, in denen es dir nicht gut ging, die du aber überwunden hast. Sag dir heute: »Ich bin stolz auf mich. Ich habe schon so vieles geschafft!«

Ich wünsche dir einen wunderschönen Tag!

Tag 43

Einen wundervollen guten Morgen!

Lausche heute den Geräuschen der Natur. Sei achtsam im Hier und Jetzt und spür die tiefe Verbundenheit zu allem.
Ich wünsche dir einen wunderschönen Tag!

Tag 44
Einen wundervollen guten Morgen!
Wenn du anfängst zu grübeln, dann frag dich immer, ob dich dieser Gedanke glücklich macht. Ist das nicht der Fall, dann wende deine Aufmerksamkeit auf etwas, das du wirklich in dein Leben ziehen möchtest.
Ich wünsche dir einen wunderschönen Tag!

Tag 45
Einen wundervollen guten Morgen!
Spende heute für einen guten Zweck, auch wenn es nur ein Euro ist. Wenn du Gutes gibst, wirst du auch etwas Gutes zurückbekommen.
Ich wünsche dir einen wunderschönen Tag!

Tag 46
Einen wundervollen guten Morgen!
Mach dir heute im Laufe des Tages immer mal wieder selbst ein Kompliment, denn wahre Liebe beginnt immer bei dir selbst.
Ich wünsche dir einen wunderschönen Tag!

Tag 47
Einen wundervollen guten Morgen!
Wenn du in einer Situation bist, die dich unglücklich macht, hast du drei Möglichkeiten:

- ändere die Situation,
- akzeptiere die Situation,
- verlasse die Situation.

Ich wünsche dir einen wunderschönen Tag!

Tag 48
Einen wundervollen guten Morgen!
Versuch heute einmal, achtsam zu essen und zu trinken. Nimm dir Zeit, um die Lebensmittel in Ruhe zu dir nehmen zu können. Genieß jeden

einzelnen Biss und jeden einzelnen Schluck. Nimm den Geschmack und den Duft genau wahr. Super wäre es natürlich, wenn etwas Gesundes auf deinem Speiseplan stehen würde.
Ich wünsche dir einen wunderschönen Tag!

Tag 49
Einen wundervollen guten Morgen!
Frag dich heute, was du schon immer einmal machen wolltest. Was hindert dich daran? Vergiss nicht, du besitzt ein sehr kraftvolles Werkzeug: die Macht deiner Gedanken! Träume sind dafür da, um gelebt zu werden!
Ich wünsche dir einen wunderschönen Tag!

Tag 50
Einen wundervollen guten Morgen!
Vergiss nie – es gibt keinen Zufall. Alles im Leben hat einen Sinn, auch wenn er sich manchmal nicht gleich zeigt.
Ich wünsche dir einen wunderschönen Tag!

Tag 51
Einen wundervollen guten Morgen!
Schenke heute jemandem dein Lächeln. Das erzeugt sofort eine positive Energie.
Ich wünsche dir einen wunderschönen Tag!

Tag 52
Einen wundervollen guten Morgen!
Mach heute jemandem ein ehrliches Kompliment. Damit drückst du deine Wertschätzung aus. Das gibt dir ein gutes Gefühl und deinem Gegenüber ebenfalls.
Ich wünsche dir einen wunderschönen Tag!

Tag 53
Einen wundervollen guten Morgen!
Betrachte dich heute einmal aus der Perspektive eines Fremden. Wie siehst du dich? Nenne drei positive Aspekte.
Ich wünsche dir einen wunderschönen Tag!

Tag 54

Einen wundervollen guten Morgen!

Nimm heute etwas aus der Natur in deine Hände, z. B. einen Stein. Betrachte ihn und sei dankbar für all die Wunder der Natur. Dankbarkeit zieht noch mehr Dinge in dein Leben, für die du dankbar sein kannst.

Ich wünsche dir einen wunderschönen Tag!

Tag 55

Einen wundervollen guten Morgen!

Mach heute etwas, das deinem inneren Kind Freude bereiten würde.

Beispiele:

- Malen
- Seilspringen
- Kinderhörspiel anhören

Ich wünsche dir einen wunderschönen Tag!

Tag 56

Einen wundervollen guten Morgen!

Danke heute einmal deinem Körper für das, was er täglich leistet, um dich fit zu halten.

Ich wünsche dir einen wunderschönen Tag!

Tag 57

Einen wundervollen guten Morgen!

Bring heute deinen Verstand zur Ruhe, indem du eine Kerze anzündest und dich einige Minuten völlig auf die Flamme konzentrierst. Das wirkt wie eine Meditation.

Ich wünsche dir einen wunderschönen Tag!

Tag 58

Einen wundervollen guten Morgen!

Welchen Rat würdest du deinem Kind aufgrund deiner Lebenserfahrung fürs Leben mitgeben?

Ich wünsche dir einen wunderschönen Tag!

Tag 59

Einen wundervollen guten Morgen!

Konzentriere dich auf das, was du dir wünschst, und nicht auf das, worüber du dir Sorgen machst.

Vergiss niemals:

Du erhältst immer das, worauf du deine Aufmerksamkeit richtest.

Dieser Satz sollte dein ständiger Begleiter sein.

Ich wünsche dir einen wunderschönen Tag!

Tag 60

Einen wundervollen guten Morgen!

Die meisten Menschen atmen nur oberflächlich. Versuch heute immer wieder, tief in deinen Bauch zu atmen, indem du durch die Nase bis tief in deinen Bauch ein- und dann wieder ausatmest. Die Bauchatmung erkennst du daran, dass sich dein Bauch beim Einatmen nach vorn wölbt. Du kannst dazu deine Hände auf deinen Bauch legen. Die Bauchatmung ist gesünder und entspannter für deinen Körper.

Ich wünsche dir einen wunderschönen Tag!

Tag 61

Einen wundervollen guten Morgen!

Versuch heute einmal, deine Gedanken völlig abzuschalten, indem du einen Baum oder eine Pflanze genau betrachtest. Nimm alles von dem Baum oder der Pflanze genau wahr, dann bist du komplett gegenwärtig.

Ich wünsche dir einen wunderschönen Tag!

Tag 62

Einen wundervollen guten Morgen!

Leg deine Hände über den Bauchnabel. Dort befindet sich das Solarplexus-Chakra. Es schenkt dir Kraft und Energie. Spür die Wärme, die von dort in deinen Körper ausstrahlt, und die Liebe, die dich einhüllt.

Ich wünsche dir einen wunderschönen Tag!

Tag 63

Einen wundervollen guten Morgen!

Die meisten Menschen gehen mit angezogenen Schultern durch ihr Leben, weil sie sehr angespannt und gestresst sind. Versuch heute einmal, deine Schultern locker zu lassen und mit aufrechter Brust durch den Tag zu gehen. Das strahlt sofort mehr Selbstbewusstsein aus.
Ich wünsche dir einen wunderschönen Tag!

Tag 64
Einen wundervollen guten Morgen!
Wer ist dein Lieblingsmensch? Wenn es so jemanden in deinem Leben gibt, kannst du dich glücklich schätzen. Wenn nicht, zieh diesen Menschen mit dem Gesetz der Anziehung in dein Leben.
Ich wünsche dir einen wunderschönen Tag!

Tag 65
Einen wundervollen guten Morgen!
Du hast am Anfang des Buches einen Test durchgeführt. Such dir heute einen Lebensbereich aus, der nicht deiner vollen Zufriedenheit entspricht. Kümmere dich heute darum, dass dieser Lebensbereich etwas besser wird.
Beispiele:
Melde dich bei einer alten Freundin, geh deinem Hobby nach oder mach mal wieder Sport.
Ich wünsche dir einen wunderschönen Tag!

Tag 66
Einen wundervollen guten Morgen!
Frag dich heute einmal, wie es dir geht. Achte darauf, was dir als Erstes in den Sinn kommt. Visualisiere, wie du glücklich und zufrieden bist.
Ich wünsche dir einen wunderschönen Tag!

Tag 67
Einen wundervollen guten Morgen!
Verfasse eine Liste mit allen Dingen, die du an dir gut findest, egal, ob es sich um Eigenschaften, Aspekte deines Aussehens oder Verhaltensweisen handelt.
Ich wünsche dir einen wunderschönen Tag!

Tag 68

Einen wundervollen guten Morgen!

Wenn du ein negatives Gefühl in dir hast, akzeptiere, dass es da ist, und verdränge es nicht. Spüre, wo es in deinem Körper sitzt. Es kann sich z. B. als ein Gefühl des Drucks in der Brustgegend zeigen. Leg deine Hand darauf und atme genau dorthin. Spüre, wie es sich langsam auflöst und heilt. Wiederhole dies so oft, bis du dich besser fühlst.

Ich wünsche dir einen wunderschönen Tag!

Tag 69

Einen wundervollen guten Morgen!

Versuch jeden Morgen Folgendes: Statt lustlos und jammernd aus dem Bett zu steigen, heiße den neuen Tag willkommen und sei dankbar, dass du ihn erleben darfst.

Ich wünsche dir einen wunderschönen Tag!

Inneres Kind heilen

Tag 70

Spezialübung »Inneres Kind heilen«

(erweiterte Übung zu Tag 17)

TRIGGERWARNUNG INNERES KIND

Falls du eine sehr schwere Kindheit hattest und noch nicht in therapeutischer Behandlung bist, führe diese Übung nicht durch. Auch wenn etwas in dir während der Übung aufkommt, scheue dich nicht, dir davor professionelle Hilfe zu suchen.

Stell dir vor, es gibt dein früheres Ich (dein inneres Kind), dein heutiges Ich und dein zukünftiges 90-jähriges Ich.

Dein inneres Kind trägt alle Verletzungen aus deiner Vergangenheit in sich. Dein älteres Ich hat alles erreicht, was du dir wünschst.

Schließ deine Augen, atme ein paar Mal tief durch die Nase ein und wieder aus, entspanne dich und stell dir vor, du sitzt auf einer Bank unter einem Baum. Vor dir befindet sich ein wundervolles Lavendelfeld. Der Duft von Lavendel wirkt beruhigend auf dich. Die Sonne geht unter. Der Himmel leuchtet in einem wunderschönen Orange. Es ist angenehm warm. Du fühlst dich wohl. Links neben dir sitzt dein früheres Ich. Rechts neben dir dein älteres Ich. Schau dir beide genau an.

Wie sehen sie aus?
Was tragen sie für eine Kleidung?
Was strahlen die beiden aus?

Zuerst unterhältst du dich mit deinem früheren Ich und nimmst es an die Hand.

Frag dein inneres Kind, welche Verletzungen es in sich trägt und warum es traurig ist.
(Übung siehe Tag 17)

Wie alt warst du?
Wo warst du?
Was war passiert?
Wie hast du dich damals gefühlt?
Hast du dich klein, hilflos und schwach gefühlt?

Was könnte ein Glaubenssatz gewesen sein, den du damals daraus geschlussfolgert hast?

Beispiele:
Ich genüge nicht.
Ich muss immer lieb sein.
Ich darf mich nicht wehren.
Alle anderen sind wichtiger als ich.

Stell dir vor, wie du als heutiger eigenständiger Erwachsener, der du bist, dein inneres Kind in den Arm nimmst und sagst:

Du bist nicht mehr allein. Ich bin immer bei dir. Deine Glaubenssätze über dich sind nicht richtig. Du bist gut so, wie du bist. Ich liebe dich.

Halte es einige Zeit im Arm und tröste es.

Danach unterhältst du dich mit deinem älteren Ich und nimmst es ebenfalls an die Hand. Dein älteres Ich hat all deine Wünsche erfüllt und gelebt. Es erzählt dir von einem wunderbaren erfüllten Leben und lächelt selig. Was erzählt dir dein älteres Ich?

Beispiele:

- Große Liebe gefunden
- Zwei wunderbare Kinder

- Fünf Enkelkinder
- Tolles Haus am Strand
- Traumberuf gehabt
- Liebevolle Freunde
- Genügend Geld

Dein älteres Ich ist deine Zukunft. Es bietet dir an, dein inneres Kind in seine Obhut zu nehmen, damit es nie mehr allein sein muss. Du bist einverstanden. Ihr drei nehmt euch in den Arm und danach verabschiedest du dich von beiden. Du kannst beide jederzeit an diesem Ort besuchen kommen.

SCHLUSSWORT

Wann loslassen?

Viele sagen, man müsse seine Wünsche loslassen, damit sie sich erfüllen. Das kann ich nur zum Teil bestätigen. Absolviere die 30 Coaching-Tage und die Bonustage und du wirst schnell Veränderungen wahrnehmen.
Die **21/90**-Regel besagt, dass Menschen **21** Tage benötigen, um ein Ziel zur Gewohnheit zu machen, und dass es **90** Tage erfordert, um es dauerhaft in den Lebensstil zu integrieren.
Danach darfst du loslassen. Schau, was passiert. Das soll aber nicht heißen, dass du wieder in deine alte Negativspirale rutschen sollst.
Ich würde mich freuen, wenn du mir von deinen positiven Veränderungen berichtest. Schick mir eine E-Mail an: info@anjawalz.com. Ich freue mich auch sehr über eine Bewertung auf Amazon.

Sei positiv und dein Leben wird positiv.

Du schaffst das!

Ich wünsche dir sehr viel Erfolg und Spaß beim Erschaffen deines Traumlebens!

Alles Liebe für dich
deine Anja Walz

Über die Autorin

Anja Walz lebt mit ihrem Mann und ihren zwei Töchtern in einer Kleinstadt in Baden-Württemberg. Sie hat es sich zur Aufgabe gemacht, andere Menschen zu coachen, um ihnen dabei zu helfen, das Leben ihrer Träume zu führen. Bereits als Kind wusste sie, dass es »da draußen« mehr gibt als das, was man sehen kann. Sie war schon immer fasziniert von der »unsichtbaren Welt«, ob in Form von Kartenlegen, Wahrsagen, Astralreisen, luzides Träumen, Rückführungen, Nahtoderfahrungen oder Seelenpartnerschaften.

Vor einigen Jahren war Anja Walz noch sehr unzufrieden mit ihrem Leben: Sie war alleinerziehend, hatte wenig Geld, einen 450-Euro-Job, zog immer wieder die falschen Männer in ihr Leben, hatte wenig Freunde, eine sehr kleine Wohnung und litt zudem unter Ängsten und Depressionen. Sie war unglücklich, undankbar, suhlte sich in Selbstmitleid und war gefangen im Hamsterrad. Wie es das Schicksal so wollte, stieß sie irgendwann auf das Gesetz der Anziehung und war sofort fasziniert davon: **Ich selbst bin der Schöpfer meines Lebens!** Sie konnte es nicht glauben. Ist es wirklich so einfach? Daraufhin las sie etliche Bücher zu diesem Thema, schaute Filme darüber, bildete sich fort und testete die Wirksamkeit schließlich an kleineren Wünschen. Sie übte täglich – und es funktionierte! Zu ihr kamen der gewünschte Parkplatz, ein kleiner

Geldbetrag, eine Feder, ein Geschenk – Dinge, die sie sich visualisiert hatte. Sie änderte ihr Denken von negativ in positiv, visualisierte täglich ihr Traumleben, änderte ihre Glaubenssätze und wurde dankbar für all das, was sie schon hatte.

Dadurch manifestierte sich nach und nach das Leben ihrer Träume.

Dennoch merkte sie, dass noch etwas fehlte. Sie hatte zwar einen Job, der gut bezahlt wurde und den sie auch gern ausübte, doch brannten ihr Herz und ihre Seele nicht dafür. Deswegen orientierte sie sich neu, macht mittlerweile genau das, was ihr Herz will und ist als psychologische Beraterin und Transformationscoach tätig.

Durch ihre umfangreiche Ausbildung in Psychologie und ihre zehnjährige Erfahrung im Manifestieren sowie ihre einfühlsame Art holt sie die Menschen dort ab, wo sie gerade im Leben stehen, und hilft ihnen, das Leben zu manifestieren, von dem sie immer geträumt haben. Sie vereint Psychologie und Spiritualität für eine bestmögliche Persönlichkeitsentwicklung. So wird aus einer kleinen Raupe schon bald ein wunderschöner Schmetterling.

Roman über das Gesetz der Anziehung

Susi führt ein tristes Leben. Sie hat keine Freunde, wenig Selbstbewusstsein wegen ihres Übergewichts, einen nervigen Putzjob, trauert seit vier Jahren ihrem Exfreund hinterher und ertränkt ihre Sorgen in Alkohol. Als sie das »Buch der Erkenntnisse« erhält, ändert sich ihre komplette Welt und sie erschafft sich Schritt für Schritt das Leben ihrer Träume.

Nun bist du dran! Begleite Susi auf ihrem Weg in ihr Traumleben und profitiere auch du von diesem Buch. Erschaffe mit den enthaltenen Erkenntnissen und dem »Gesetz der Anziehung« das Leben, das du dir schon immer erträumt hast!

Bestelle »Das Buch der Erkenntnisse: Erschaffe dein Traumleben mit dem Gesetz der Anziehung!« auf Amazon.de.

Quellenverzeichnis

[1] Buddha (560–480 v. Chr.) – hinter der historischen Person Buddha verbirgt sich der indische Religionsstifter Siddhartha Gautama

[2] App: Das Geheimnis Täglichen Lehren, Creste LCC, apps.apple.com

[3] Dr. David Hawkins: Die Ebenen des Bewusstseins. Von der Kraft, die wir ausstrahlen, VAK Verlags GmbH, 1. Oktober 2014, 333 Seiten

[4] Willie Nelson, Country-Sänger und Songwriter, geboren am 30. April1933 in Abbott, Texas, USA

[5] Jerry und Esther Hicks: Ein neuer Anfang, Heyne Verlag, 9. November 2011

[6] Abraham/Hicks: Ein neuer Anfang, Heyne Verlag, 9. November 2011

[7] Yoga Wiki (2023): Spiegelgesetze, https://wiki.yoga-vidya.de/Spiegelgesetze, 28. März 2024

[8] William Walker Atkinson (1862–1932), Autor im Bereich der Neugeist-Bewegung, Das Gesetz der Anziehung in der Gedankenwelt, Klarsicht Verlag, 31. Januar 2022

Printed in Poland
by Amazon Fulfillment
Poland Sp. z o.o., Wrocław

38090579R00101